ALEXANDRE SCHANNE

SOUVENIRS DE SCHAUNARD

ÉDITION ORNÉE DE DEUX PORTRAITS

SCHAUNARD A VINGT ANS ET SCHAUNARD AUJOURD'HUI

PAR L. DEHAISNE

PARIS

G. CHARPENTIER ET Cie, ÉDITEURS

11, RUE DE GRENELLE, 11

1887

SOUVENIRS

DE

SCHAUNARD

Cryptographie SILVESTRE

SCHAUNARD AUJOURD'HUI

SCHAUNARD A VINGT ANS

SOUVENIRS DE SCHAUNARD

PAR

ALEXANDRE SCHANNE

ÉDITION ORNÉE DE DEUX PORTRAITS

SCHAUNARD A VINGT ANS ET SCHAUNARD AUJOURD'HUI

PAR L. DEHAISNE

PARIS

G. CHARPENTIER ET Cie, ÉDITEURS

11, RUE DE GRENELLE, 11

—

1887

A la mémoire de mes Parrains de Lettres

HENRY MURGER

ALBERT DE LASALLE

LES
SOUVENIRS DE SCHAUNARD

1

UNE NOTE EN MARGE DU LIVRE DE MURGER

Le livre de la *Vie de Bohème* met en scène quatre personnages principaux ; mais il ne fait leur biographie que par à peu près ; et s'il donne leur portrait, c'est sans ressemblance garantie, car la main d'un romancier-poète les a transfigurés à plaisir.

Je les ai connus vivants.

Rodolphe, c'est Murger.

Colline est un composé du philosophe Jean Wallon et de Trapadoux dit le « Géant vert ».

On retrouve dans le peintre Marcel Lazare et Tabar.

Schaunard, c'est Alexandre Schanne ; c'est moi.

Mais pourquoi Murger m'a-t-il, seul entre tous, attifé d'un pseudonyme transparent ?

Dans les sobriquets qui me furent prodigués (vers 1840) pour parodier mon nom lorrain de Schanne, j'avais le choix parmi ceux-ci : *Schannard-sauvage, Schanne-en-jonc, Schanne-à-pêche* et bien d'autres. Ils trouvaient cela drôle.

J'en oublie un que cependant j'ai gardé longtemps : *Maréchal Nez !* Mes camarades trouvaient sans doute que si, dans l'état militaire, le nez s'augmente par la progression du grade, j'étais digne, partant caporal, d'arriver maréchal.

Or, il se trouva que Murger, publiant dans le *Corsaire* ses premières scènes de *la Vie de Bohème*, m'y donna un rôle en m'appelant *Schannard*. Le premier *n* du mot, ayant été renversé par l'imprimeur, devint un *u*, ce qui faisait *Schaunard*. Mais la faute ne fut point corrigée, probablement parce qu'elle n'avait pas l'importance qu'elle prend dans des papiers d'héritage ; si bien que c'est à cette « coquille » que je dois l'orthographe définitive de mon nom de guerre.

Champfleury est, je crois, le premier qui m'a désigné devant le public sous les deux syllabes Schanne, à moi appartenant. Voici au surplus mon portrait tel qu'il l'a dessiné dans ses *Souvenirs des Funambules :*

« L'occasion est trop belle pour que je ne donne pas ici le portrait d'un ami qui ne m'a guère quitté depuis dix ans, et qui s'est jeté avec moi corps et âme dans la musique, dans la faïence, dans les chansons populaires, dans la peinture naïve. Joignez à cela un vif sentiment de la littérature, une ardente curiosité pour la médecine, une sensibilité extrême qui ferait croire qu'il a un harmonica dans le cœur, une vive supériorité sur les femmes, des mélodies franches et mélancoliques à la fois, une grande gaieté de caractère, un certain laisser-aller dans la toilette, un nez remarquable, et vous aurez mon ami Schanne tout entier, quittant le chevalet pour le piano, et se demandant à toute heure du jour : « Suis-je peintre ou musicien ? » De l'art il n'a pris que le dessus du panier, et il a laissé les inquiétudes, les soucis, les tristesses, les amertumes qui sont au fond. Tel est mon brave ami Schanne, qui doit certainement une partie de sa gaieté à l'influence permanente des polichinelles suspendus au plafond de son père, fabricant de joujoux, rue aux Ours. »

Ce morceau de prose si net et si senti, trop bienveillant à coup sûr, j'aurais dû le transcrire à l'encre rouge pour marquer la confusion où il me jette, et l'atteinte qu'il porte à ma modestie. Ne devait-il pas suffire à l'ambition d'un homme qui se croyait oublié depuis trente ans qu'il cherche à s'effacer ? Eh bien ! non. Il me va falloir y ajouter des notes et commentaires anecdotiques qui, à vrai dire, auront surtout trait aux autres. Si donc je vous entretiens de moi et me mets en scène dans les pages qui vont suivre, c'est que j'ai besoin d'un prétexte pour raconter la vie des chers compagnons de ma jeunesse.

D'ailleurs, dernier survivant du « quatuor Murger », me voilà réduit au rôle de soliste, et, comme tel, je dois parler pour tout dire.

II

PREMIÈRES ANNÉES

Mon aïeul paternel, ouvrier habile, fabriquait des vernis et broyait des couleurs. (Est-ce donc d'héritage que j'ai un tel amour pour la peinture?) Il fut apprenti avec Giroux père, qui laissa à ses enfants l'un paysagiste, l'autre marchand de tableaux et fantaisies curieuses rue du Coq-Saint-Honoré, une véritable fortune acquise en commençant par la vente des couleurs dans les ateliers d'artistes du Directoire. Moins entreprenant, mon grand-père resta ouvrier trente-quatre ans dans la même maison.

Vers la fin de sa carrière, il appela près de lui son fils aîné, en le faisant venir de Roussy-le-Village (Moselle) pays dont il était originaire.

Comme il fallait beaucoup d'argent pour l'établir fructueusement dans son métier, il le plaça d'abord chez son voisin fabricant de jouets, nommé le père Guibard qui demeurait dans la rue des Gravilliers, passage de la Marmite.

Tout jeune, mon père assista et aida aux travaux de défense des Buttes-Chaumont en 1814. Il appartenait à la classe qui fut licenciée sous Louis XVIII. Muni de son certificat de libération, sans perdre de temps, il se maria et s'établit avec quinze cents francs en 1817 ; travaillant dur (comme il a toujours fait), aidé de sa femme et d'un garçon de son pays âgé de quatorze ans.

Mon grand-père qu'il avait pris chez lui, put vivre encore six années et assister à ses succès commerciaux, dus à l'heureuse idée qu'il eut le premier à Paris, de remplacer sur ses animaux en carton, la peinture et le velouté en les couvrant de véritables peaux avec laine et poil.

C'est donc rue des Gravilliers N° 54 au quatrième étage, dans la maison du marchand de couleurs où mon grand-père avait tant travaillé, que le vingt-deux décembre 1823, j'aspirai pour la première fois une bouffée d'air ; habitude que j'ai conservée depuis !...

Quelque temps après, mon père abandonna ce logement trop petit pour son industrie et prit en totalité une maison rue Jean-de-l'Épine, disparue aujourd'hui dans les démolitions de la place de l'Hôtel-de-Ville.

Possesseur de quarante-deux-mille francs en écus, gagnés dans son métier, il faillit acheter une ferme dans son pays où la terre, par suite de deux invasions successives, se vendait pour rien. Ce qui aurait fait de moi un petit laboureur. Ma mère, en vraie parisienne, ne voulut pas s'enterrer vivante à la campagne, selon son dire.

C'est alors qu'ils vinrent se fixer rue Montmartre, près de celle des Jeûneurs, où mon père continua sa fabrication de jouets pendant que ma mère tenait une boutique passage des Panoramas, à la place où se trouve aujourd'hui la petite galerie conduisant à la rue Vivienne.

J'avais trois ans et demi, lors de ce deuxième déménagement. Colis bipède, je faisais partie de la dernière voiture ; on m'avait hissé sur des matelas disposés de façon à me garantir des chocs et d'une chute.

Les enfants aiment le changement de place. Déménagez donc souvent, si vous aimez les vôtres.

En face notre magasin du passage, se trouvait un marchand de musique appelé Frère. Très probablement il tenait de près à l'éditeur du même nom, qui, dans le passage du Saumon et pendant la Révolution, mit au jour un si grand nombre d'exemplaires de *la Marseillaise* et autres chants patriotiques de l'époque.

Il avait deux fils ; l'ainé Théodore, peintre de talent et très apprécié pour ses vues du Nil et des sables d'Egypte avec Pyramides obligées ? Le plus jeune, Edouard, a été aussi remarqué comme peintre de genre.

Nous nous sommes avec Edouard retrouvés plus tard, tous deux dessinateurs sur bois pour les romans à quatre sous. Excellente idée commerciale, mise en pratique par Jules Bry !.. Cet éditeur payait ces dessins vingt-cinq francs au début ; il les fit tomber à la moitié de ce prix. N'étant pas aussi habile que Frère, je dus lui céder la place, sans toutefois me fâcher avec Bry. Les derniers bois que je lui dessinai pour cette publication, étaient destinés à une *Histoire des Etudiants* par Auguste Vatripon, et à *une Vengeance sous la Terreur.*

Mais n'anticipons pas sur les événements de ma vie de peintre.

Dans ma première jeunesse, je voyais peu Edouard qui était au collège ; mais Théodore, qui avait un atelier chez son père, voulait bien m'y admettre à mon grand plaisir de le voir peinturlurer. Je m'exerçais déjà à dessiner avec du charbon sur les dalles du passage, et avec du blanc que je savais me procurer, sur les volets des boutiques fermées.

Mon farceur de Théodore m'envoyait porter des charges très osées aux jeunes demoiselles employées chez Flore, une des grandes modistes en vogue. Ces dernières me recevaient très mal, mais je trouvais moyen de me venger en me glissant à quatre pattes le long du comptoir et en me levant subitement le visage barbouillé, je me sauvais avant d'être pris au milieu des cris causés par la peur que je leur avais faite.

III

LE PASSAGE DES PANORAMAS ET LE THÉATRE DES
VARIÉTÉS EN 1830

La révolution de 1830 arriva le lendemain du jour qui me donna un petit frère. Je vois encore ma mère dans son lit, et mon père en garde national dans le passage. Les coups de canon et la fusillade m'amusaient. J'étais dans l'âge « sans pitié. » Malgré les précautions prises pour cacher à ma mère ce qui se passait sous nos fenêtres pendant la bataille, des bruits confus de voix mêlés aux plaintes des blessés arrivaient jusqu'à elle. Et si elle avait pu voir !....

Entr'autres tableaux dramatiques, il me souvient encore d'un grand peuplier au pied duquel on avait amoncelé des cadavres provenant d'une ambulance voisine.

Je parle de Frascati, de ce fastueux tripot qui a fait place, depuis, au prolongement de la rue Vivienne jusqu'au boulevard. Souvent je m'échappais de chez mes parents pour m'y introduire à la sourdine, attiré par le spectacle des danses et du remuement de l'or. Les gens de service me toléraient, parce que j'étais connu de tout le quartier. Je n'avais alors que sept ans, et cependant je me rappelle encore un grand jeune homme absolument perdu de boisson, que les valets en raison de sa mauvaise tenue voulaient jeter dehors. Un vieux monsieur s'approcha de l'ivrogne, et lui dit :

— Malheureux, allez donc prendre votre or !

Celui-ci le regarda d'un air hébété et se laissa conduire à la table sur laquelle il avait préalablement déposé quelques louis sans plus s'en inquiéter... Je le vis ramasser une vraie fortune en espèces et en billets, ce qui le dégrisa complétement. (Tiens, je crois bien !)

Je devais retrouver à l'atelier Cogniet, l'élève Dehodencq qui, devenu peintre de talent, habita Madrid et envoya au salon des combats de taureaux et autres sujets madrilènes. Son père tenait en 1830 le café des Variétés. Il me souvient d'avoir reçu du mien une collection de giffles assorties pour avoir emprunté, à notre étalage extérieur, un groupe de jouets qu'on appelait des Catalans, très à la mode en ce temps, et composé de deux marionnettes traversées d'une ficelle que l'on s'attachait à la jambe ; l'autre bout était fixée à une colonne montée sur une planche ; et ayant, comme supplément, un fifre et un tambour. Nous les mettions en mouvement devant les habitués du café accoutumés à nos gamineries ; et l'on nous donnait en riant quelques sous que nous nous empressions de porter chez Félix le patissier du passage, célèbre par ses bouchées et ses brioches. Nous demandions des « rassis » (gâteaux de la veille) remplaçant ainsi la qualité par la quantité !..

Déjà galants ! nous invitions les petites filles, nos voisines, à faire la dinette sur une table que l'on dressait devant une boutique. Tous assis sur les dalles, nous mangions, avec un appétit qui ne connaissait pas d'obstacles, le gain d'aventure acquis par un métier qui n'était pas le nôtre.

Aussi, pour tempérer mes jeunes effervescences, mon père me plaça-t-il dans une petite école du faubourg Montmartre.

A deux pas de notre boutique, et du côté qui lui était opposé, se trouvait, comme maintenant, la galerie en coude conduisant à la rue Saint-Marc, et sur laquelle donnait l'entrée des artistes des Variétés. J'y jouai à cache-cache avec les enfants du passage, certaines parties sombres de son parcours semblant disposées pour ce jeu. Le laboratoire de confiserie de mademoiselle Métais s'y trouvait placé ; j'ai encore présent un grand tonneau ouvert, plus ou moins rempli de pièces sucrées non réussies et remises à la fonte. Les jours de bonne humeur des employés, je me risquais à allonger la main dans le tas, et d'autant mieux que le sucre ne me faisait pas tomber les dents.

J'étais connu aussi de tout le personnel des Variétés. Comédiens et comédiennes étaient de nos clients, ce qui fait que, si on avait besoin d'un gamin dans la figuration, j'étais choisi de préférence. Je fus notamment exhibé dans un acte du répertoire avec deux de mes jeunes camarades. Jenny Colon nous présentait à notre oncle, qui était je crois Potier. Le rideau tombé, la charmante actrice nous embrassait, et complétait ses faveurs en octroyant à chacun de nous une superbe brioche de chez Félix en guise de cachet.

J'entrais donc, de temps à autre, dans les coulisses du théâtre ; de son côté, le contrôle me laissait volontiers passer, à la condition de monter avec la sagesse d'un ange au paradis. Ma mémoire a gardé les images confuses d'un méli-mélo de pièces, dont la plupart avait trait à la politique du jour. Leurs titres que j'ai retrouvés depuis, étaient par exemple : *Philippe Charte et Liberté*, *Les Ouvriers*, *Le Moulin de Jemmapes*, *La Veille et le Lendemain*, *Les Saint-Simonistes de la rue des Prêcheurs*, conférence mêlée de bêtises etc..........

D'autres vaudevilles de la même époque et qui ne tenaient pas compte des évènements récents, s'appelaient : *La Grisette mariée, Pique-assiette, Le voyage en Suisse, La semaine des amours* etc....

La troupe se composait de Potier, Odry, Brunet, Vernet, L'hérie, Lebel, Hyacinthe ; et de Mesdames Jenny Colon, Flore, Herfort etc......

Pour le dire en passant, le grand comédien Vernet que je viens de nommer, était l'oncle du miniaturiste Alfred Vernet tué par la photographie, et qui, doué d'aptitudes diverses, trouva une mélodie si heureuse sur Musette, la chanson de Murger.

Voilà le bon temps de mon enfance qui devait se terminer brusquement.

Les émeutes qui suivirent la révolution de juillet, ainsi que l'apparition du choléra en mars 1832, apportèrent un coup terrible au commerce des joujoux.

Je voyais ma mère et mon père s'attrister de jour en jour ; ils devenaient maussades. Il est vrai que, de mon côté, je leur donnais force occasion de se fâcher. Un jour par exemple, mon père fut obligé de me dételer de la voiture de Lafayette que le peuple surexcité, tirait à bras au retour de l'enterrement du général Lamarque.

On voit que l'auteur de mes jours n'admettait pas que je fisse acte politique.

IV

LA RUE AUX OURS

Le passage des Panoramas n'était plus tenable pour ma famille, qui y avait englouti tout l'argent qu'elle avait pu gagner avant la révolution et le choléra. Mon père ne se découragea cependant pas, et bien qu'il eût cinq enfants à élever, il recommença la lutte, ayant pour aides ma mère et ma verte grand'mère.

La chance voulut qu'il trouvât à louer pour son industrie animalière, et au prix de mille francs seulement, trois étages dans une rue dont le nom aurait pu lui servir d'enseigne. Sa nouvelle adresse était en effet : « Schanne aîné, fabricant d'animaux laines et poils, 24, rue Aux-Ours, Paris ».

Nous y restâmes vingt-sept années; peut-être y serais-je encore sans le percement du boulevard Sébastopol. Il existe toujours, de ce côté, le mur mitoyen de notre maison.

Ma petite école bourgeoise du faubourg Montmartre étant trop éloignée, fut remplacée par des cours du soir. Le jour on me ceignait les reins d'un petit tablier vert, et l'on m'employait à l'exécution des choses faciles du métier; en même temps, j'aidais Pierre, notre ouvrier, à livrer la marchandise faite. Un panier d'osier sur ma tête, je m'en allais le long des rues cherchant à jouer du flageolet, mon premier instrument. C'était un cadeau qu'un commis supérieur de la maison Deschevailles (jouets en gros) disparue depuis longtemps, m'avait promis et donné au jour de l'an, pour récompenser la régularité de nos livraisons qui étaient fréquentes. Deschevailles et Giroux étaient nos meilleurs clients.

Mes parents très occupés ne pouvaient surveiller ma conduite à la sortie de l'école du soir. Ils me croyaient au troisième étage, lorsqu'ils étaient dans l'atelier qui se trouvait au quatrième. J'en profitais pour mésuser de ma liberté en prenant part, avec des coquilles d'huitres, aux combats de quartier que se livraient les moutards de mon temps.

Voulant exercer ma valeur sur une plus grande scène, et entraîné par les apprentis bijoutiers habitant notre maison, je me laissai enrôler par eux dans l'armée des « Saint-Denis » qui livraient bataille aux « Montmartre ». Ce besoin belliqueux est observé chez les gamins après chaque secousse révolutionnaire.

Un dimanche, je me rendis donc à deux heures (heure militaire) au clos Saint-Lazare, où se trouvait en construction l'église Saint-Vincent-de-Paul. Pour gagner la barrière Poissonnière, il existait un chemin creux. C'était le lieu ordinaire de la lutte ; mais, ce jour-là, l'ennemi en occupait avant nous un des talus. Notre état-major, posté derrière les planches de l'église, donna l'ordre à ma compagnie de faire une marche oblique sur la rue d'Hauteville sans être vue, s'il était possible, et afin que nos adversaires fussent pris entre deux grêles de pierres.

Le signal de l'action était un coup de pistolet que tirerait le général en chef, vieux grognard âgé d'au moins quinze ans. L'affaire commença, et elle fut chaude. Les Montmartre, qui avaient l'avantage du nombre, nous battirent, je le reconnais de bonne grâce ; d'ailleurs, notre mouvement tournant avait été aperçu par un corps d'observation que nos éclaireurs n'avaient pas remarqué. On me compta parmi les blessés ; une ardoise m'avait en effet atteint derrière l'oreille, me faisant perdre beaucoup de sang ; le chirurgien ennemi lava ma plaie dans une mare et me banda la tête avec un mouchoir. Puis mon bouclier avait été brisé. Ce n'est pas tout encore.

2*

Les vainqueurs m'avaient pris comme impôt de guerre ma fronde, ainsi que tous les boutons en métal qui servaient à retenir mes vêtements. Ah ! j'étais dans un joli état pour rentrer dans ma famille... Aussi comme j'y fus reçu !

Du reste, j'avais déjà la réputation d'un petit vagabond au foyer paternel, parce que si l'on m'envoyait en course au faubourg Saint-Antoine, pour chercher des roulettes en cuivre, destinées aux pattes des gros animaux de notre fabrication, j'y mettais un temps infini. Il faut dire que je rencontrais, sur la route, une occasion irrésistible de baguenauder : cet « éléphant de la Bastille » que les vieux Parisiens n'ont pas oublié, et dans lequel les polissons d'alors aimaient à jouer à cache-cache.

Plus hospitalier que la baleine de Jonas, le monstre de plâtre pouvait donner asile à une trentaine de personnes. On y accédait par un escalier de bois construit dans l'une de ses jambes. La police fermait l'œil pendant la journée ; elle se réservait de venir la nuit faire des rafles de gens sans aveu, dans le ventre du pachiderme. Les carrières d'Amérique n'étaient pas encore inventées en 1833.

V

RAPIN

Mon père, après quelques années d'un travail heureux, voulut faire de moi quelque chose ; il se décida à m'envoyer aux cours des Arts-et-métiers. Là, on enseignait, un jour le dessin de figure et d'ornement, le lendemain la géométrie et le dessin mécanique, suivi le surlendemain du lavis appliqué aux différents ordres d'architecture.

Admis après examen, j'y apportai naturellement mes défauts ; la gourmandise était un des plus capitaux.

Notre surveillant, un brave homme que je n'ai jamais connu que sous le nom du père Crispin, vrai type de l'officier retraité, décoré de la Légion d'honneur, se promenait toujours dans notre salle coudée, avec l'attitude de Napoléon Iᵉʳ, une main dans son gilet ou entre deux boutons de sa redingote, l'autre dans le dos ; il était suivi d'un chien de chasse noir et taché de roux.

Vers le milieu de la séance, près de son bureau placé dans l'angle des deux salles, il tirait de sa poche une belle et bonne brioche de trois sous qu'il brisait en morceaux devant son ami poilu. Nous profitions du moment où, continuant ses allées et venues, il nous tournait le dos, et nous disputions au chien sa fine pâture. Aussi bon enfant que son maître, il se plaignait à peine ; mais un jour, et c'était mon tour, sur un grognement plus prolongé, Crispin se retourna rapidement et n'aperçut que mes jambes, étant moi à quatre pattes. Il me reconnut à la couleur de mon pantalon ; en ce moment n'osant ni mâcher ni avaler, j'avais sur la joue la grosseur d'une chique. Crispin m'enleva par ma ceinture comme une plume, me tira les oreilles l'une après l'autre sans mot dire, peut-être pour ménager mon amour propre. Depuis ce jour, il ne quittait plus son vieux *toutou* pendant sa laborieuse mastication.

Je *mordais* surtout au dessin mécanique ; mon professeur, M. l'ingénieur Armengaud, m'envoya un matin chez un lamineur de la rue Fontaine-au-Roi pour croquer, d'après nature, une des premières machines à vapeur que l'on ait vu fonctionner dans

Paris. Il fut si satisfait du lavis que je rapportai, qu'il écrivit immédiatement à mon père lui demandant s'il pouvait payer demi-pension à l'école de Châlons-sur-Marne? La réponse de mon père fut ce qu'elle devait être: ayant alors six enfants à élever, il ne voulait pas en favoriser un aux dépens des autres, par un sacrifice d'argent qu'il ne pouvait répéter six fois.

Je ne partis donc point pour Châlons, mais cela ne m'a pas empêché de garder beaucoup de reconnaissance à M. Armengaud, qui m'avait marqué tant de bon vouloir.

Cependant, mon père ayant fait rencontre d'un gardien chef au musée du Louvre, nommé Tubeuf, celui-ci ayant apprécié mes dessins, conseilla de me faire étudier la peinture. Après réflexion, mon père accepta. Tubeuf me présenta à M. Schopin, prix de Rome, élève de Gros et d'Horace Vernet. Mon nouveau maître, qui demeurait rue de l'Est, m'envoya le matin aux cours de dessins de la Rue de l'Ecole de Médecine, ensuite de une heure à quatre au musée du Louvre pour dessiner d'après l'antique.

C'est chez lui que je fis la connaissance d'Hyppolite Boileau son premier élève, plus âgé et plus avancé que moi. Il allait à l'Ecole des Beaux-Arts et peignait au Louvre. C'était un bon et joli garçon très distingué et très fin, me reprenant toujours sans beaucoup de succès sur le sans-façon de ma tenue et de mes manières. Il habitait chez son père, professeur de mathématiques, rue de la Harpe.

C'est par Boileau que je connus Jules Rozier, le paysagiste élève du père Bertin. Un soir, ce Rozier avait découvert le théâtre Comte, où à l'aide de billets meilleur marché qu'au bureau, billets d'auteur que nous trouvions chez un marchand de pain d'épices du passage Choiseul, nous étions devenus « trois messieurs de l'orchestre ». Dieu me pardonne, nous envoyions des bouquets aux jeunes comédiennes. Amour platonique de collégiens. Nous osions même *reconduire*, quand on voulait bien nous supporter marchant à côté sans même que l'on prit notre bras. C'était enfantin et grotesque.

Il me souvient à cette occasion d'avoir entendu au moins trente fois cette littérature :

> C'est la fée aux loques,
> Dont les gouts baroques
> Sont d'aller en toutes saisons,
> Vêtue d'un tas de vieux chiffons.

Les étoiles du moment étaient les jeunes demoiselles: Aline Duval, Cavalié, Léontine etc... qui depuis, comme étoiles, ont longtemps étincelé dans les ciels de théâtre ; mais, des trois satellites, tournant autour d'elles sans les atteindre, il ne reste plus que moi de vivant.

J'abandonnai cet Eden, où nous ne donnions que des coups d'épée dans l'éther ; et plus sagement, je suivis des cours de dessin que M. Mulard faisait le soir aux Gobelins. On y dessinait une semaine d'après le plâtre, et l'autre d'après nature, (modèle homme).

C'est là, que je fis la connaisance de cet excellent Eustache Lorsay, artiste de talent et auteur dramatique (pièces militaires) ; ainsi que d'une partie « des Buveurs d'eau » : Tabar, Vastine, Cabot, Villain, et les frères Bisson, mes introducteurs dans le cénacle où plus tard je devais rencontrer Murger.

Ensuite, et comme on va le voir, je devins élève du célèbre peintre Léon Cogniet.

VI

COMMENT JE CONNUS MURGER

Mon premier atelier était situé, en 1841, au n° 19 de cette sombre rue du Fouarre, que les leçons d'Abeilard et de Buridan illustrèrent jadis.

J'avais pour voisin Léon Noël, dessinateur lithographe (qui n'est pas celui du même nom, dont la notoriété était alors assez grande).

Il ne travaillait que juste ce qui lui était nécessaire pour ne pas mourir de faim à des en-têtes de romances ou de factures, et restait couché une partie de la journée à rêver et écrire des tragédies qui n'ont jamais vu le feu de la rampe.

Cependant ce n'était pas le premier venu. Il nous déclamait des scènes qui nous émerveillaient. Spectateurs naïfs, nous applaudissions à tout rompre ce Don-Quichotte de la pensée travaillant dans le vide.

Son signalement eût été un squelette vivant ; peau jaune claire tendue sur les os; long comme un manche de fouet ; chevelure abondante ; œil noir fiévreux ; traits fins et accentués.

Le maigre mobilier de la chambre qu'il habitait tremblait sous les efforts de sa voix caverneuse dans le récit vibrant des vers à effet.

Un soir, la pléiade de rapins et d'étudiants dont je faisais partie, était rassemblée chez le poète, pour entendre la lecture d'un acte de tragédie qu'il venait de terminer.

De temps en temps il s'interrompait intentionnellement à la césure, semblant guetter l'arrivée d'un nouveau visiteur. En effet, la porte ne tarda pas à s'ouvrir : un jeune homme entra ; c'était Murger.

Nous nous étions tous rangés à droite et à gauche pour lui faire place et pour que la lumière de la fenêtre, traversant des petits carreaux dont quelques-uns, dans le haut, étaient à cabochons, l'éclairât en plein; il sentit que nous l'observions. Sa figure ne m'était pas inconnue. Nature inquiète et timide, ainsi qu'il a toujours été, il en fut tout interloqué, nous regarda à peine, donna la main à Léon Noël qui nous le présenta comme un jeune poète d'avenir, à qui il voulait bien donner des conseils de versification.

On lui offrit du tabac ; il bourra sa pipe, l'alluma, et, assis au pied du lit, regarda dans le vide pour ne fixer personne pendant la lecture de l'acte reprise par son auteur.

La déclamation terminée, Murger fit effort pour vaincre sa timidité qu'il sentait ridicule, et nous étonna par quelques appréciations littéraires et artistiques qui lui appartenaient bien.

A cette époque, la question d'argent était absente de nos discussions ; mal venu eût été celui qui aurait fait de l'art un négoce. Nous n'admettions que le travail indépendant, sans aucune concession au mauvais goût. On était encore en plein romantisme.

L'église Notre-Dame, vue de profil dans l'encadrement de la fenêtre, le ton verdâtre des vitres, combiné avec la fumée des pipes, formaient un tableau avec des parties embues, qui n'étaient pas sans charmes.

Je ne sais si la vue de la vieille basilique fit tourner la conversation sur Victor Hugo ; mais Murger en saisit l'occasion, et nous déclara avec mille adjectifs *a giorno* l'admiration sans réserve que lui inspirait le grand poète.

Peut-être ici serait-il temps de faire son portrait ? On l'a fait tant de fois que cela me semble inutile. Je me contente de dire qu'à cette époque il n'avait pas cette maladie de la glande lacrymale qui faisait pleurer l'œil gauche, pendant que le droit souriait à Mimi ! Quant à ses vêtements dont la coupe avait été certainement prise dans un numéro très arriéré du *Journal des chasseurs*, ils pouvaient rivaliser avec les nôtres par leur élégance moins que relative. Mais il me souvient d'un proverbe ayant cours dans notre jeunesse : Il ne faut *blaguer* ni les parents ni les effets.

A propos de costumes, il me revient une anecdote que Nadar m'a racontée. Une année il existait en novembre dans Paris trois chapeaux blancs forme clarence ; en janvier, on n'en rencontrait plus que deux, le sien et celui d'un inconnu qu'un jour il croisa sur le Pont Neuf. Ils se saluèrent confraternellement devant Henri IV ébahi, qui n'a aucun couvre-chef pour rendre cette politesse (économie de métal). Cette royale victime de Ravaillac, qui semble d'ailleurs peu se soucier de ce détail de toilette, n'en continue pas moins avec ses yeux de bronze à surveiller le baromètre de Chevalier, attendant que l'aiguille, dans ses évolutions, lui marque avec les variations du temps un changement de régime politique.

En quittant Léon Noël, il fut convenu avec Murger qu'il assisterait à la plantation de la crémaillère dans le nouveau logement que j'allais prendre à l'hôtel de Sens.

Murger avait alors près de vingt ans ; j'en ai la

preuve authentique par la pièce que voici, et qui est son acte de baptême dont j'ai pris copie sur les registres de Notre-Dame-de-Lorette.

« L'an mil huit cent vingt-deux, le jeudi 28 mars, a été baptisé Louis Henry.

» Né d'hier, fils de Claude-Gabriel Murger, et de Hortense-Henriette Tribou, son épouse, demeurant rue Saint-Georges, n° 17.

» Le parrain a été Louis-Henri Burdet, rue Verte, n° 24.

» La marraine a été, Emilie-Louise Franklin, rue de Miroménil, n° 15.

» Lesquels ont signé avec nous. »

VII

UN BOURGEOIS A TÊTE DE VEAU

Je venais de quitter la rue du Fouarre. Voici comment cet événement s'était accompli. En passant devant l'hôtel de Sens, j'avais vu se balancer au vent, sous l'ogive de la grande porte, un écriteau qui disait *cabinet à louer*.

On sait que ce logis, situé rue du Figuier-Saint-Paul, derrière l'Hôtel-de-Ville, est daté du quinzième siècle, et qu'il est intact dans son architecture gothique.

Je m'adressai au portier, espèce de savetier grognon dont l'œil gris était abrité par un sourcil roux formant visière ; il portait des lunettes en fer épais à verres ronds, posées sur un gros nez rouge couvert de petites bosses lenticulaires, le tout brillant comme une lanterne d'omnibus.

Il jeta sur moi un regard protecteur ; mon nez lui plut ; il prit dans une boîte à féraille une forte clé ouvrée, travail antique abimé par la rouille, passa devant moi me conduisant dans la tour, à gauche de la cour, en haut de laquelle on arrivait par un escalier de pierre en colimaçon avec meurtrières pour l'éclairer, un vrai nid d'archers.

Sous l'influence romantique, en gravissant les interminables marches usées conduisant au donjon, et précédé de mon écuyer, je me voyais paré d'une coiffure à plumes, d'un pourpoint de velours, et ceint de la dague et de l'épée, avec le faucon favori attaché sur le gant par sa chaîne d'argent.

Mais quittant l'illusion pour la réalité, je me hâtai de demander à mon affreux porte-clé le prix de location par an. Il était de soixante francs ; après débat, je l'obtins pour cinquante livres parisis, plus le denier à Dieu.

La chambre était une assez grande pièce, éclairée par deux fenêtres agrandies depuis peu par un architecte impie manquant de respect pour le style gothique. Un des côtés était occupé par une grande cheminée d'alchimiste ; plus tard j'y plaçai des cornues ainsi qu'un fourneau grossier en terre à poêle ayant lui-même la forme d'une tour crénelée.

Il ne fallait rien moins qu'un intérieur aussi pittoresque pour me faire abandonner le vieux quartier latin où toutes mes relations de travail et de sentiment auraient dû retenir.

Cependant je ne perdais pas de vue ma crémaillère, pour laquelle j'avais invité Murger et quelques camarades.

Or il arrive des périodes, où dans la vie d'un homme, il devient plus difficile de planter une crémaillère, que dans la vie d'un peuple, planter un arbre de la liberté.

Le denier à Dieu, donné au Suisse sans hallebarde de mon palais gothique, avait commencé ma ruine.

Un espoir me restait. Modeste rapin, j'avais une commande : celle du portrait à l'huile d'un bourgeois du voisinage. Ledit bourgeois avait entendu vanter mes talents par le père d'un enfant de la rue que je prenais de temps à autre comme modèle, et à qui je donnais des leçons de dessin.

Je me mis à l'œuvre. Après neuf séances, j'en jugeai une dixième nécessaire pour terminer cette toile qui devait m'être payée soixante francs. (Quel festin pour pareille somme en ces temps déjà si loin de vous !)

Je tardais trop à finir, et c'était imprudent, car mon modèle se trouvait alors menacé d'une apoplexie à bref délai qui pouvait d'un moment à l'autre me l'enlever. D'ailleurs il m'avait fallu beaucoup d'éloquence pour l'amener sous mes infaillibles pinceaux.

Je lui avais persuadé que la peinture à l'huile résistait à l'humidité, bravait tous les ravages du temps, et avait bien d'autres avantages que la nouvelle invention du daguerréotype.

— Allez voir au Louvre, lui disais-je, allez voir une fois dans votre vie les immortels chefs-d'œuvres de Raphaël.... Pourquoi sont-ils immortels ? Parce que leur auteur s'est bien gardé de se servir de la plaque argentée, et de toutes les drogues chimiques que l'on met dessus aujourd'hui. Et comme ils se conservent malgré tout dans le quartier le plus humide de Paris ! Ni le brouillard, ni l'influence délétère du regard de tant d'imbéciles fixé sur eux, depuis des siècles, n'ont pu altérer leur fraîcheur !

Ces raisonnements le touchaient d'autant plus que Raphaël était le seul peintre connu des bourgeois d'alors. Mais que de petites humiliations pour moi dans cette maison ! A tout instant mon modèle amenait ses amis, sa bonne, ses voisins, pour leur demander en ma présence si ce que je faisais était ressemblant ? J'avais mille impertinences à subir pendant que je lassais mes brosses à peindre cette tête de veau qui avait conquis la fortune et avec elle l'insolence dans le métier de coupeur de poils de lapin ! Que de fois je fus tenté d'achever mon œuvre en étendant un glacis de blanc bleuté sur sa face rubiconde et d'augmenter l'illusion d'une tête cuite à l'eau, en y ajoutant des bouquets de persil dans les oreilles et les narines. Cela n'aurait pas sensiblement troublé la ressemblance.

Nous étions à la dixième et dernière séance. Allais-je être payé de suite? Mon coupeur de poils me sembla froid.

— Seriez-vous indisposé?

— Non, me répondit-il, mais je suis pressé aujourd'hui; c'était hier lundi, ils n'ont rien *fichu* à l'atelier.

L'homme fit une pose et sembla réfléchir. Inquiet, j'attendais.

— Ecoutez, reprit-il, pendant que vous préparez vos couleurs, je vais *secouer ces gueules de bois*.

Il sortit, je respirai plus librement. Etant revenu un quart d'heure après, je le trouvai plus calme. La séance commença.

— Dites-moi, depuis ma dernière visite sans nul doute, vous avez montré votre portrait à vos connaissances? Qu'en pensent-elles?

— Généralement on en est assez content, à l'exception de ma bonne qui me trouve l'œil mort.

— Ah! votre bonne, elle est dificile à satisfaire; heureusement que vous ne me semblez pas de son avis. Molière consultait bien la sienne, mais c'était un auteur dramatique du temps de Louis XIV ; vous n'avez donc rien de commun avec lui!

— Ma foi non, me répondit-il d'un air de triomphe !

— Ecoutez, il peut y avoir dans sa critique un semblant de raison, le point visuel n'est pas encore fait, tenez, j'y suis... Attention : regardez-moi bien ; généralement je garde cela pour le bouquet de la fin !

Je passai un petit glacis d'huile blanche sur l'iris gris brun et la pupille de l'œil, ce qui détruisit l'embu ; avec un pinceau fin, je pris avec précaution un peu de blanc d'argent légèrement atténué par une pointe de cobalt ; j'assurai bien ma main, et je plaçai mon point visuel en carré reflétant la fenêtre, bien à sa place (gare au strabisme) cela donnait réellement la vie.

Je me rappelle à ce sujet que le peintre Hervier, mort depuis peu, me racontait qu'au dessus de lui, dans son logement de la place Dauphine, restait l'argentier de Louis-Philippe, chargé du surtout et des couverts au palais des Tuileries. Ce fonctionnaire ayant probablement de bons appointements, cumulait comme argentier et portraitiste militant. D'un talent modeste, il n'en obtenait pas moins des commandes. Un portrait terminé il allait chercher sa femme et ses enfants au deuxième étage ; arrivé dans l'atelier, il les faisait mettre à genoux devant sa peinture, prenait un pinceau d'un air solennel, levait les yeux au ciel, et criait d'une voix vibrante et convaincu.

— Je vais donner la lumière !

L'opération terminée, il les renvoyait, certain que

là foi naïve de sa famille lui attribuait ce commandement de la Genèse : « Dieu dit à la lumière d'être, et la lumière fut. »

C'est grotesque, mais très exact, je l'ai connu personnellement, son nom m'échappe.

— Maintenant, dis-je à mon homme, admirez-moi ça !

Il se campa devant le tableau en gardant le silence ; mon inquiétude augmentait.

— Appelez votre bonne et demandez-lui son avis.
— Joséphine.....
— Joséphine arriva.
— Comment me trouves-tu l'œil ?
— *Très bien maintenant, Mosu me regarde et va me parler !*
— C'est bien... tu peux t'en aller.

Il se contempla quelques minutes sans mot dire, cherchant probablement à exercer sa critique... Ne trouvant rien, il gagna son bureau à pas lents. Pendant ce temps, et d'un air qui semblait indifférent, je me mis à ranger mes couleurs sur une partie propre de ma palette.

J'entendais le bruit argentin et régulier des pièces de cent sous que l'on compte une à une ; je cherchais inutilement à en suivre le nombre..... Enfin il parut.

— Combien donc est-ce ? me demanda-t-il, (ce monstre à tête de ruminant le savait bien.)

— Le prix convenu, soixante francs; c'est pour rien, je ne vous compte même pas l'huile.

L'aplomb m'était revenu devant la façon mesquine que ce croquant avait de me solder mon compte. Il daigna sourire, je veux dire faire une horrible grimace, et me remit l'argent sans marchander.

Je pris les pièces et les laissai tomber une à une dans la poche de mon pantalon. La première heurtant ma clef rendit un son flatteur. C'est ce que je voulais, car il était bon que mon homme qui m'observait ne supposât point que ses écus tombaient dans le vide. En pareille circonstance, et devant un Crésus aussi glorieux, il faut toujours sauver son amour-propre.

Il se retira en me saluant gauchement. Je lui rendis son salut tout en prenant la direction de la cuisine, ainsi que d'habitude pour y laver mes brosses et pinceaux. D'ailleurs il restait la bonne à exécuter.

Pour mieux faire sonner mes poches et lui mettre en tête une idée de pourboire, j'avais pris le pas gymnastique. En effet, cette fille, si malveillante d'ordinaire, était devenue subitement ma propre servante, ma vassale, mon esclave. Le savon noir et la terrine pleine d'eau tiède étaient disposés d'avance sur l'évier comme complément; il y avait un linge propre sur le dos d'une chaise; toutes les chateries, enfin! Je gardai d'abord le silence sans avoir l'air de m'apercevoir des soins inusités dont j'étais l'objet.

Un peu embarrassée, elle commença l'attaque avec son affreux accent à l'ail.

— Ça coute cher un portrait comme ça ?

— Heu ! heu !... j'en fais souvent pour rien.

— Comment?

— Si la demoiselle est jolie, je me trouve généreusement payé par l'honneur qu'elle me fait en me choisissant pour son peintre.

— Ah ! mais moi pour m'envoyer au pays, j'ai envie de me faire tirer. Combien me prendrez-vous ?

— Pour vous, Joséphine, ce serait une somme énorme, plusieurs années de vos gages.

— Et pourquoi ça, s'il vous plait ?

— Je vous ai dit mes raisons.

Les brosses lavées, essuyées, remises dans la boite; je pris congé en lui faisant trois révérences comme à une dame de haut parage !

Arrivé dans la rue en compagnie d'un fou rire, je me jurai de ne plus remettre les pattes dans ce sombre terrier à lapins. Il n'en fallait pas tant pour exciter ma gaité naturelle. Balançant ma boite, coupant l'air avec mon nez, plus heureux qu'un écolier en liberté après dix jours de pensum, j'avançais par bonds ; il me semblait voler, n'ayant plus le sentiment de ma pesanteur, malgré le poids additionnel des pièces de cinq francs qui grouillaient dans ma poche droite, et dont le son, pendant cette gymnastique, me grisait.

Je n'ai ressenti de telles émotions avec besoin de mouvements violents, que le jour où mon père m'acheta ma première paire de bottes lors de ma première communion et me donna une montre d'argent, à laquelle ma mère avait joint une bourse de soie à coulants d'aciers, contenant six francs en *pièces de cinq sous* neuves.

VIII

UN ANATOMISTE ET UN CHAT

Muni de mes soixante francs, je commençais à songer très sérieusement à ma crémaillère, sur quoi je crus devoir consulter le docteur Berger.

Que je vous le présente. Il n'était encore qu'étudiant ; le titre de docteur, que nous lui donnions, n'était qu'une avance de quelques années sur l'optention officielle du grade.

Je l'avais connu à l'occasion d'un travail de dessin très fatiguant, qu'il m'avait donné à faire, d'après les animaux infiniment petits dont il faisait son étude favorite. Que de variétés dans mon métier de peintre ! Je venais de portraicturer un coupeur de poils de lapin qui, lui, était un animal infiniment gros !

Ces crayonnages micrographiques qui avaient déjà détérioré la vue du docteur, me causèrent momentanément le même effet désastreux. Si bien qu'il dut me remplacer et avantageusement par Charles Jacques, que sa bonne étoile de Berger lui avait fait rencontrer au milieu des coqs, poules et moutons, modèles habituels de cet artiste de talent. Son nom prédestiné avait dû lui servir de passe-port près du peintre des bergeries.

Notre futur Esculape était un petit paysan Normand, arrivé à Paris sans savoir même lire et écrire. Il avait fait seul ses études primaires dans les moments de loisirs que lui laissait son apprentissage d'ouvrier ferblantier. Devenu interne de Bicêtre à coups de volonté et de travail, il passait dans un petit logement de la rue Hautefeuille les jours où il n'était pas de service.

Là il s'était fait comme rebouteur je ne sais quelle clientèle médiocre de petits commerçants, de garçons de café et de bonnes, dont le produit venait s'ajouter aux trente francs par mois que lui allouait sa famille. Se trouvant relativement à l'aise, Berger put se permettre de prendre un appartement plus logeable, rue Soufflot, près de l'Ecole de droit.

Quel intérieur fantasque ! Il y élevait des cochons-dindes, des couleuvres, des crapauds qui lui servaient pour ses observations scientifiques, sans compter ses chers microbes. Cette chambre-ménagerie était traversée par des tuyaux en fil de fer ayant la confection de ressorts à boudins du diamètre d'une pièce de cinq francs en argent. A travers les cercles serrés assez près les uns des autres pour qu'elles ne puissent s'échapper, on voyait aller et venir des souris blanches et grises, d'autres tachetées, fruits aventureux de ces deux espèces. Toutes suivaient les courbes et caprices ornementaux qu'il s'était plu à donner à ce cable métallique, dont chaque extrémité plongeait dans une sorte de cage en verre épais.

Ces petites bêtes formaient leurs nids et se reproduisaient dans des têtes de mort, dont la partie supérieure, quoique fermée, s'ouvrait à charnières comme une tabatière.

« La vie dans la mort, exclamait mon Docteur ; « et de tout 'ainsi ! » ajoutait-il en découvrant les nids habités qui remplaçaient la cervelle absente.

Comme on le voit son premier métier lui avait donné une adresse extraordinaire ; Berger était de ces hommes dont on dit : Il fait tout ce qu'il veut de ses dix doigts. Pendant son internat à Bicêtre, il confectionnait une foule de bibelots à l'aide d'ossements préparés par lui, tels que : chandeliers, pots à tabac, caisses de fleurs...

Il allait jusqu'à cultiver les plantes les plus poétiques dans d'horribles crânes dénudés. Mais, excusez-le, c'était encore le temps du romantisme. Cet homme, doué de facultés peu communes, n'a cependant jamais pu percer dans la vie. Un jour il nous quitta. Où a-t-il été planter sa tente ?

On sent combien un esprit aussi ingénieux pouvait m'être utile dans la grave affaire de ma crémaillère. Quant à moi, en effet, j'avais beau me casser la tête à forger des menus, je ne sortais pas des beefteacks, cotelettes et œufs sur le plat.

Du reste on va voir Berger exercer ses talents culinaires sur une viande plus rare.

Il faut vous dire que j'avais un ennemi à quatre pattes dans la maison : un chat. La haine qu'il me portait se manifesta un soir que, pour rentrer chez moi, j'achevais le trentième tour de valse gravissante auquel j'étais condamné par la structure de mon escalier gothique. J'avais vu les deux rayons de ses yeux se fixer sur moi et, étendant la main vers lui, j'en reçus une horrible griffade. Ce n'était pas la première fois que j'étais victime de ce féroce félin. Il m'avait déjà chippé une vingtaine de fois mon beefteack matinal, c'est-à-dire qu'en somme le chat avait commis à mon détriment vol et tentative d'assassinat.

J'instruisis son procès criminel dans ma pensée, et je le condamnais à mort.

Mais le difficile était de l'exécuter ; Monsieur Samson lui-même eut reculé devant un tel problème.

Par bonheur un négociant en peaux de chats,

grand destructeur de ces animaux, m'avait donné des conseils. (Pour le dire en passant, Champfleury a décrit, avec son exactitude habituelle, la demeure et la vie de cet industriel sur les bords de la Bièvre. Son étude, qui n'exhalait pas des parfums d'eau de cologne, ameuta même contre lui le clan des normaliens)

J'achetai donc chez un ferrailleur de la place Maubert deux forts pitons, chez un herboriste un paquet de valériane, chez un tripier un morceau de cœur. Arrivé chez moi, un des pitons fut vissé en haut de la porte, l'autre sur son encadrement ; une bonne ficelle d'une longueur suffisante fut nouée au premier piton ; je la fis passer dans le deuxième en m'assurant qu'elle y glissait librement. Puis, après en avoir pris le bout, je m'étendis sur mon lit, et tirant d'un coup sec, je m'assurai que je pouvais fermer la porte comme l'eût fait un coup de vent. Je la rouvris pour la disposer en piège, après avoir répandu un peu de valériane tentatrice dans l'escalier, et déposé le cœur de bœuf sur le pavé de ma chambre. Cela fait, je me couchai sur mon lit, tenant d'une main le bout de la ficelle, de l'autre un fleuret et ayant sur la figure un masque de salle d'arme et sur les mains des gants rembourrés, car je prévoyais toujours les coups de griffes.

L'attente du gibier fut assez longue ; cependant la nuit venue, un léger bruit se fit entendre dans l'escalier, c'était ma future gibelotte qui se roulait sur les feuilles de valériane. L'odeur de la viande le décida enfin à entrer. Ma porte obéissant à la ficelle se ferma violemment.

Sans me presser j'allumai la bougie et la lutte commença. De mon fleuret je cherchais à le cingler ; lui plus agile qu'un clown évitait les coups. Il y avait bien des moments où il voulait se jeter sur moi ; mais je rompais pour revenir à la rescousse et tâcher de le saisir par le cou. Tantôt il s'agrippait au rideau du lit, tantôt il se terrait comme un lapin sous mon Erard de 1782. L'animal en était à la folie, moi à l'exaspération. Je l'attaquai pourtant avec une arme d'un acier courtois ; et lui voulait riposter en tirant la savatte, escrime vulgaire. Dans l'échauffourée, plusieurs de mes moulages en plâtre reçurent des horions. Le masque du Dante perdit son nez, ce qui le fit ressembler au parent le plus éloigné de l'acteur Hyacinthe. Deux doigts de la célèbre main de la Lescombat furent amputés. J'avais l'air d'étudier la chirurgie d'après la bosse.

Finalement mon adversaire préféra le parti de la fuite, et s'élança par la fenêtre à travers le carreau. La cour retentit du double bruit de sa chute et de celle du verre cassé. Entendant ce vacarme, mon portier sortit de sa loge armé de son balai qui lui servit à achever l'animal, car il l'avait reconnu comme n'appartenant à aucun de ses locataires.

J'arrivai à temps pour réclamer au sieur Pipelet le cadavre qu'il allait jeter à la borne.

— Mais que voulez-vous donc en faire? me dit-il.

— Tiens, une nature morte. Si vous ne l'aviez pas tué, j'en aurais peut-être fait une nature vivante.

— Ah! ben! emportez-le, je m'en bats l'œil et faites-en toutes les natures que vous voudrez.

Ai-je eu des remords de cet assassinat?... Mais non ; car faisons le compte de ce que me coutait la bête : une égratignure valant bien 1 fr. 25 d'indemnité, vingt biftecks à 4 sous, 1 carreau de vitre de 1 fr., au total quelque chose comme 6 fr. 25, soit le prix d'un beau lièvre.

Le chat me devait un lièvre, voilà ce qui est certain, et il ne pouvait me le payer, du moins par à peu près, qu'en me fournissant sa propre chair.

Ma conscience était bien tranquille, et cependant me trouvant plus tard avec Théophile Gautier, Champfleury ou Baudelaire, les grands amis et admirateurs des chats, je ne me sentais pas à l'aise.

Il me semblait lire dans leurs regards cette phrase terrible : « Tu en as tué un ! »

IX

CUISINIERS ET MÉDECIN LÉGISTE

Le docteur Berger m'arriva le lendemain, comme il avait été dit.

— Eh ! mais, lui dis-je, en le voyant armé de sa trousse de prosecteur, est-ce donc une autopsie que vous allez pratiquer ?

— Peut être, répondit-il, en saisissant le cadavre du matou. Et il ajouta : surtout ne me dites rien ; je veux déterminer anatomiquement la ou les causes de la mort.... N'ayez de crainte, chez moi, Dieu merci ! le médecin est doublé du cuisinier.

Mais je crus devoir, avant tout, m'assurer que la porte était fermée, car un de mes convives aurait pu entrer ; et il était inutile de lui révéler qu'il mangerait du chat pour du lièvre.

L'opérateur reprit :

— Commençons par l'inspection extérieure. L'enveloppe cutanée est indemne.... A propos, passez-moi donc les petits oignons...... La tête ne présente aucune fracture ; on pourra la préparer et en faire un encrier pour un critique félin et rageur. Diable ! il porte sur le col les marques d'un violent traumatisme. Considérez, Messieurs, que les vertèbres cervicales......

— C'est moi que vous appelez « Messieurs » ? interrompis-je.

— Vous m'excuserez, je me croyais au cours. Nous disions donc que les vertèbres cervicales sont brisées... Et maintenant un peu de sel et de poivre ne feraient pas mal. C'est cela. On ne sait toujours pas où sont les champignons. Ah ! si, les voilà.... La cuisse droite est luxée et sans trace apparente d'un deuxième coup ; ces diverses lésions ne peuvent être que consécutives à une chute.... Avec un verre de vin blanc et trois cuillerées de vinaigre, ça fera très bien.

Tout en parlant l'orateur déposait, dans un plat à marinade, les membres désarticulés et sanglants de la bête.

Devant la justesse de ses observations si techniques, la langue me démangeait ; je n'y pouvais tenir et je lui dis qu'il était fait pour la médecine légale. Je confirmais donc par le récit et la mort du chat ses inductions et déductions.

Pendant ce temps, Berger avait enveloppé la peau et la tête du chat dans un journal, songeant peut-être sérieusement à son projet d'encrier. Puis il me recommanda, d'un ton doctoral, de me procurer, pour le lendemain, du beurre et du lard. Quant aux fines herbes, au thym et au laurier, il se chargea de les fournir, jouissant de la confiance illimitée d'une fruitière.

— Enfin, me dit-il comme péroraison de sa conférence, notre cher défunt n'aura pas à se plaindre de ce que nous ayons lésiné sur les aromates nécessaires à son embaumement culinaire.

X

MURGER BUVEUR DE CAFÉ

On venait de frapper à la porte. Je répondis :

— Entrez !.... La clé tourna ; on nous enfermait.

— Encore un distrait ou un hésitant, me dit Berger.

— A gauche ! criai-je. Enfin la porte s'ouvrit, Murger entra le chapeau à la main.

— Avant toutes choses, lui dis-je, ne prenez pas la profession de voleur, elle est mal vue, et puis vous ne savez pas *travailler* les portes.

— Ma foi, vous avez raison ; souvent il m'arrive de ne pouvoir pénétrer chez moi ; tantôt je suis sorti laissant la clé en dedans ; tantôt cette maudite clé, jalouse de ma pipe, se bourre de tabac dans ma poche. Alors, pour la dégager, je me vois contraint d'aller emprunter une aiguille à tricoter à ma concierge ; et quelquefois elle dort prétextant qu'il est trois heures du matin. Comme adresse des mains, il n'en faut donc pas parler, je ne suis bon qu'à faire un plumitif ; et encore quelle écriture que la mienne !

— Je crois, reprit le docteur, que la postérité ne s'inquiète guère de la façon dont Homère et Virgile traçaient leurs œuvres au point de vue calligraphique.

— C'est vrai, dit Murger, et s'adressant à moi : Vous avez eu la bonté de m'inviter à dîner il y a quinze jours, lors de notre rencontre chez Léon Noël ; par lettre hier vous me l'avez rappelé. Vous auriez pu vous en dispenser ; j'avais pris note du jour et de l'heure, malgré ma nature distraite, jamais je ne manque une occasion de m'amuser en si bonne compagnie ; trop heureux de la saisir au vol, en dépit de ma maladresse... de voleur.

Je m'inclinais tout en riant de sa dernière phrase.

— Mais, reprit-il, je ne pouvais m'asseoir à votre table, sans préalablement vous rendre une visite, et puis il se pourrait que j'oubliasse celle de digestion ; je ne suis pas du monde où ces formes sont indispensables.

— Halte-là, croyez-vous donc en venant chez moi,

Schannard-sauvage Ier du nom, avoir à obéir au programme de vie que se sont fait les oisifs ? Vous vous trompiez, mon cher ; demandez-le plutôt à nos amis communs « Les buveurs d'eau ». Sur ce, fumons une pipe et parlons d'autres choses….. Voyez pourtant comme la conversation nous entraine ; vous êtes ici depuis un quart d'heure, et je ne vous ai pas présenté l'un à l'autre…. Monsieur Berger, médecin légiste remarquable qui, tout à l'heure encore,….. mais passons, Monsieur Henri Murger, poète tragique et futur Académicien.

— Ah ! monsieur est médecin ? dit Murger ; si je profitais du hasard de notre rencontre pour vous demander un quart de consultation.

— Une entière si vous voulez ? répondit Berger.

— Permettez, je sais que généralement les docteurs n'aiment pas parler médecine en dehors des heures qu'ils consacrent à ce laborieux travail ; et si l'on n'a pas la chance d'avoir pour ami celui avec qui on cause, on devient indiscret pour ne pas dire plus.

— Ici n'est pas le cas ; parlez, parlez.

— Eh bien, depuis quelque temps, je perds appétit et vigueur ; je deviens lâche de corps sinon d'esprit ; ai-je une course pressée, naturellement je marche vite ; aussitôt je suis essoufflé, et mes jambes me refusent le service. Du reste, j'y ai observé depuis quelques temps de petites taches ni rouges ni bleues, autant dire violettes.

— Ne présentent-elles pas l'apparence d'un pinçon ? demanda Berger.

— Justement.

— Vous devez prendre beaucoup d'excitants, demanda le docteur en examinant les jambes du malade.

— Très peu, de temps en temps un petit verre, quand je dîne chez un ami ; mais comme je ne suis pas l'homme des longs desserts, il est rare que je réitère. Quant au café, ah dam ! j'en suis goulu et peut-être ne mourrai-je que de cela. Trois ou quatre tasses se suivant ne me font pas peur. Impossible à moi de travailler sans cela.

— C'est trop.

— Mais la nuit.... pour que les idées me viennent ?

— Prenez-en donc, puisque vous y êtes décidé.

— Oui, mais si j'en prends, vous dites que je tomberai malade.

— Evidemment, vous gagnerez le purpura..... Alors il n'en faut pas prendre.

— Cependant Voltaire qui en usait, a déclaré que c'était un poison lent, puisqu'à l'âge de quatre-vingts ans il n'en était pas mort.

— Prenez-en, prenez-en..... Nous continuerions jusqu'à demain le dialogue de Rondibilis et de Panurge, celui-là étant venu consulter celui-ci pour savoir s'il devait se marier.

En effet quelque temps après Murger eut une grave atteinte de la maladie que lui avait prédite Berger ; ce fut au point que son cas étant considéré comme rare par la science, il fut étudié de très près et à titre de curiosité pathologique à l'hôpital Saint-Louis, où on le traitait.

Hélas ! quelle jeunesse douloureuse que celle de mon pauvre ami ! Pourtant toute sa vie, il resta incorrigible sur le café. Aux observations qu'on pouvait lui faire, il répondait toujours en se rengorgeant : « Mais je suis élève de Karol. »

Ce Karol, qu'il me fit connaître, aurait pu en effet se décorer du titre de « professeur de moka. » Quand il avait quelques sous, il l'achetait en grain, le torréfiait et l'alambiquait lui-même. Ensuite, au moment de le prendre, il plaçait une assiette creuse sur une table, laquelle devait servir à appuyer ses coudes. Le moment venu de l'ingurgitation, il se couvrait la tête d'un linge blanc débordant sur l'assiette. C'est dans cette assiette bien protégée que le liquide brulant, une fois versé, était lappé par lui à la façon des quadrupèdes.

Bien joli ! bien joli, ce que je sais, c'est que parfois invité par lui, j'avais à souffrir de cette fumigation infernale, à moins que mon nez ne logeât quelque bon rhume. Mais je profitais de ce que la serviette me cachait, pour boire le café comme un simple bouillon ; ce qui ne m'empêchait de faire sonner ma langue pour imiter le bruit que faisait la sienne. Je tenais à ne pas le blesser dans ses convictions maniaques.

Devant Murger, il ne fallait pas plaisanter sur toutes ces simagrées qu'il prenait au sérieux. Je suis encore à me demander si notre ami commun, d'origine slave par sa mère, ne l'avait pas initié à quelque rite mystérieux des voluptueuses religions de l'Orient.

Karol est mort à Constantinople, non pas comme professeur de moka (il y eut trouvé son maître), mais comme magister de lecture et d'écriture.

XI

LE MENU ET LES INVITÉS

Le jour de la ripaille et de la *gogaille* était arrivé.

Je me souvins à temps que Marguerite de Valois, repudiée par Henri IV, avait habité mon donjon comme une simple *Schannarde*. Pour la vraisemblance historique, il me fallait son fantôme, ou mieux encore, sa représentation en chair et en os. Dès la veille en sortant de l'atelier Boudin, situé rue Saint-André-des Arts, j'étais entré en pourparler avec la jeune modèle qui venait de poser devant les élèves, et que j'avais suivi dans la rue.

— Eh! mais la petite, vous ressemblez terriblement à la reine Margot.

— Monsieur je ne vous dis pas d'injure....

— Moi non plus.

— Vous avez des mots que je ne comprends pas...... Quelle est cette reine ? Vous la connaissez ?

— Tiens parbleu, je la vois souvent à l'Opéra, elle ne manque pas une représentation des *Huguenots* ; c'est comme à l'Opéra-Comique quand on joue le *Pré-aux-Clercs*.

— Oh ! dites donc, elle doit aller aux premières loges et de face encore.

— C'est bien mieux : on la met sur la scène avec tous ses costumes. Vous voyez donc que je la connais, et que quand je vous dis que vous lui ressemblez..... Et puis ce n'est pas tout ça : venez demain chez moi vers quatre heures, ce sera comme une séance de pose ; seulement on dînera.

Alice accepta et fut exact. Nous cherchâmes pour l'habiller quelques frusques dans ma collection, car espérant que je deviendrai un jour peintre d'histoire, j'avais acheté à la rotonde du Temple quantité d'oripeaux de théâtre, tels que manteaux de velours, corsages de satin, coiffures avec et sans plumes, armes, plaques et bijoux « contrôlés par la monnaie d'Angleterre avec un clou, » etc. .... Le tout était froissé, faussé, fripé par un long usage sur le dos des comédiens de province et de Paris..

Nous trouvâmes ensemble parmi ces nippes de

quoi fabriquer à Alice le costume de son rôle. Elle revêtit notamment ma fameuse jupe bleu céleste parsemée d'étoiles d'argent à défaut de fleurs de lys et dont Murger a parlé avec tant d'admiration dans son livre. Rien ne manquait au modèle pas même la couronne royale, car j'en possédais plusieurs au choix des personnes.

Pour compléter cette naïve illusion, il me fallait un page ; je l'avais dans la personne grêle de mon rapin Jean (je veux dire Jehan) ; un caleçon qu'il revêtit en guise de maillot avait été passé au bleu sur une jambe, tandis que sur l'autre, nous avions tracé de grandes raies à la laque garance. Sa chemise bouffante était à peine retenue par une ceinture de cuir jaune, à laquelle pendait un couteau à palette simulant le poignard ; sur sa poitrine mon blason improvisé et peint pour la circonstance. En voici la description héraldique : « Mi-parti de gueules et d'azur, deux pipes d'argent en sautoir et une chope d'or sans faux col. »

Que de travail pour un célibataire dont le ménage est mal outillé. Cependant tout allait bien. Berger surveillait le chat qui sautait comme un acrobate dans la casserole. Le petit gargotier d'en face venait de m'envoyer ce que je lui avais demandé : soit une tête de veau, et je me souviens encore aujourd'hui de l'effroi qu'elle me causa lorsque le garçon l'apporta sur un plat. Dans mon hallucination qui ne dura qu'un instant, je crus voir apparaître la face, l'horrible face du bourgeois dont j'avais fait le portrait la semaine précédente....., Mais la vision s'évanouit lorsque je réfléchis que les coupeur de poils de lapin étaient bien rarement guillotinés. (Je ne sais, ma foi, pas pourquoi !)

Sous le tablier de la cheminée se trouvaient rangés, comme des gardes nationaux qui s'appliquent, une douzaine de litres rouges et blancs ; plus trois ou quatre bouteilles bordelaises de derrière ou de devant les fagots, je ne sais au juste.

Les hors-d'œuvre n'avaient pas été oubliés. Quant à la pièce principale du dessert, elle se composait d'une assiette des quatre mendiants (qui, à vrai dire, n'étaient que trois pour expliquer la grande et humanitaire idée de l'extinction du paupérisme.)

Je m'étais procuré aussi une carafe commune à large goulot évasé, dans laquelle tournaillaient quelques poissons rouges de Cypris ; à cette fin qu'on n'eut pas l'envie de boire l'eau claire nécessaire à leur existence. C'était en même temps un surtout de table qui réjouissait l'œil.

Je fis une liste des invités que je remis au page, en le postant sur le palier avec ordre d'annoncer. Mon Erard de 1782 était tout grand ouvert, afin que chacun d'eux jouait de son entrée en musique, suivant le cérémonial des cours. Jehan ne tarda pas à crier :

« M. Ganidel, chirurgien-major de la marine

Suisse à bord du paquebot *Le Gruyère*. Vitaliste distingué....»

Immédiatement, je fis sonner une barcarolle à vapeur suivi du ranz des Vaches. Berger donna un retentissant coup de sa cuillère en bois sur la paroi externe d'une casserole. Il oubliait pour un jour sa rancune d'organicien contre les vitalistes ; toutes querelles d'école n'ayant pas de raison d'être en la circonstance.

Jehan annonça : « M. Murger, poète et inventeur des adjectifs lumineux ! »....

Connaissant ses goûts musicaux, de mon mieux j'attaquai le commencement du septuor des *Huguenots*. Il entra la main sur le pommeau de sa canne tenu comme une épée, la tira en faisant un salut chevaleresque et en accompagnant l'épinette de la voix et du geste. Je vis avec plaisir qu'il était à son aise chez moi en dépit de sa timidité naturelle. La reine Margot, assise modestement au fond de la chambre, n'avait pas l'air de se trouver en pays de connaissance dans la musique de Meyerbeer.

Le page vociféra : « M. Lazare de la Fourchette, peintre aphone cherchant sa voie »... Lazare entra, et son premier mouvement fut d'aller s'incliner très bas devant la reine. Je jouai *Plaisir d'amour*.

Nouvelle annonce sur le palier, annonce double : « M. Jules Rozier, dit Cadmium, paysagiste en chambre, école du feuillé ; accompagné de M. Pifremann, dit Téte-de-Grenouille »...

L'épinette fit entendre une pastorale suivi d'une chanson dont les frères Bisson et autres rapins avaient l'habitude de faire une *scie* aux oreilles de Pifremann. (de son vrai nom Marie de Launay).

Tout mon monde était arrivé.

— A table !

— Oh ! oui ! dit la reine Margot, car moi j'ai soif !

XII

LA CRÉMAILLÈRE

La reine fut placée au milieu de la table comme de droit. Murger se mit près d'elle, et moi de l'autre côté... C'était bien le moins. Les autres invités se placèrent à leur fantaisie. Nous n'en étions pas au troisième radis que déjà un toast fleurissait sur mes lèvres.

— Majesté, Messieurs et Amis, permettez-moi de vous remercier sincèrement de la joie dont vous me remplissez en venant m'aider à manger cet argent gagné malproprement à peindre un monsieur, qui, par ce fait, conquiert l'immortalité qu'il ne méritait pas en raison de ses procédés à l'égard de votre Schannard (*mouvement de sympathie sur quelques sièges*).

— Trop longue la phrase, dit Murger, déjà puriste inexorable.

— Laissez donc, s'écria la reine, ce sont peut-être des vers :

Je repris :

— Nul n'en ignore, l'usage est de ne porter des toasts qu'à l'arrivée du champagne. Mais au reçu des dernières dépêches de Rheims qui parlent *d'oïdium,* je me suis vu contraint de remplacer le plus français des nectars par ce modeste bordeaux de banlieue. Changeant la couleur, je renverse la coutume (*marque d'assentiment sur toutes les chaises*). Je serai bref Messieurs ! (*nouvelles marques de satisfaction.*) Mon intention eût été d'amener parmi nous la reine Margot, mais l'histoire m'a appris qu'une mort prématurée, arrivée il y a trois siècles, l'avait enlevée à nos hommages. (*Vive émotion dans l'assistance*). Il m'a donc fallu procéder d'urgence à son remplacement, et ma bonne étoile (j'ai nommé Vénus) m'a fait rencontrer une demoiselle présentant toutes les conditions qui lui eussent donné droit à être répudiée par Henri IV.

— C'est à Margot — *bis* que je bois, cria Murger.

— Il va tout *licher* et ne me laissera rien, dit Margot *bis*.

— Passez un litre à Sa Majesté !

A ce moment, le docteur radieux apporta le civet

de matou, obtenu par ses savantes combinaisons de médecin et de cuisinier.

— Et ça s'appelle cet oiseau que je mange ? demanda la jeune Alice en mordillant un morceau de râble ?

— C'est du « rominagrobis, sauce léporine ». La conversation se généralisa, et nous commençâmes à nous tutoyer. Ce que c'est que le vin bleu quand il fait semblant d'être rouge !....

Nous en étions arrivés au moment psychologique expliqué par Georges Sand dans un de ses romans ; situation charmante inconnue des buveurs d'eau, qui n'est pas encore l'ivresse, mais qui augmente la lucidité de l'esprit et délie la langue. On commença par parler beaux-arts. Pifremann, Lazare et Rozier discutaient avec animation sur les dessinateurs et les coloristes, question brûlante du moment ; Pifremann tenait pour Ingres, et Lazare pour Delacroix. Rozier comme paysagiste moins intéressé dans la question, donnait raison tantôt à l'un, tantôt à l'autre et ne contentait personne ; aussi Pifremann, dans un moment d'humeur, Rozier n'étant pas de son avis, lui répondit en mordant à belles dents sur son maître Bertin.

— Je t'engage à me critiquer, disait-il, avec le genre démodé et faux que ton père Bertin t'a appris ! As-tu jamais vu distinctes les unes des autres les feuilles d'un arbre, situé à cinquante mètres de toi ?... On sait que tu possèdes dans ta boite le pinceau ou la brosse pour chaque espèce : chêne, orme, tremble, peuplier et saule pleureur. Si tu allais en Orient, il t'en faudrait pour le dattier et le palmier; j'oubliais le caféier qui nous intéresse tant, à ce point qu'une mauvaise récolte de sa graine serait plus fatale à l'art que la mort de M. Bertin lui-même. Demande à Murger ?

Murger n'entendit pas prononcer son nom, il chuchotait des madrigaux à l'oreille de Marguerite de Valois, laquelle mangeait de la tête de veau :

— Tout être bien constitué doit reconnaître de loin l'essence d'un arbre à son galbe et non à sa feuille. C'est la manière de Théodore Rousseau qui procède par grandes masses d'ombre et de lumière.

— Je ne le nie point, répondit Rozier : Ma prétention n'est pas de dire que mon maître a toujours eu raison, ni mon ambition de l'imiter servilement. Je cherche, avec l'espoir de trouver... Mais toi, dessinateur de perspective exagérée, ne ferais-tu pas mieux de te livrer à la littérature à en juger par la pièce de vers de ton cru que tu nous a récitée, plutôt que de faire du dessin ? Ton incurable miopie te condamnant grâce à la concavité des verres de tes lunettes à ne pas voir juste ?

— C'est vrai, dit Lazare.

— Et toi aussi tu te mets contre moi ? riposta Pifremann. Il n'y a que Schannard qui soit calme; mais il va nous dire pour qui il prend parti.

— Ce que je pense de tout cela ? répondis-je ; moi je fais de la musique, et ne puis être compétent dans une question de peinture.... Ah ! si j'étais avec des musiciens, je me réclamerais de mon titre de peintre. Tel est mon système et j'évite ainsi toute discussion qui m'échaufferait le sang et me ferait maigrir. Ce n'est donc pas fourberie chez moi, mais prudence et désir de bien vivre avec tout le monde.

— Il a raison, s'écria Berger.

Ganidel ajouta :

— En effet, voyez si M. Berger qui est organicien me fait de la peine sur mes théories vitalistes.

— Ce n'est pas tout ça, dit Murger, je ne m'en irai pas que Schannard n'ait fait sa profession de foi sur l'art.

— J'ai donc intérêt à ne pas la faire, répliquai-je poliment.

— Si, si, parle !

— Eh bien donc, je commence par déclarer que j'aime mieux le dessin des coloristes que celui des dessinateurs. Chez les premiers la forme est nerveuse et vivante ; chez les seconds elle est inerte et morte. Le coloriste fait courir le sang sous la peau ; le dessinateur ne s'en préoccupe pas ; la recherche de la ligne noble, souvent ennemie de la vérité, voilà ce qu'il appelle du style. L'un jusqu'au dernier coup de pinceau étudie la nature ; l'autre s'emprisonne dans la convention ; le contour net et sec est le but suprême de son art... Supposons-nous au temps des bonnes fées ; vous êtes devant un tableau représentant une femme nue, soi-disant bien dessinée, la reine Margot si vous voulez ? Ne changez pas de place, et priez la fée de faire d'un coup de sa baguette une statue de cette peinture aux contours *Ingristes*. Votre souhait s'accomplit, vous reculez épouvanté ; le contour est à sa place, saillant comme une couture sur un plâtre moulé dans un creux usé. Mais quelle tête, quels yeux, quel nez pointu, et quel bec pour bouche, sans compter le cou en goitre, un sein qui rentre, l'autre qui darde... Assez d'horreurs comme cela. Quant au coloriste, chez lui, le contour n'existe pas à l'état de trait, il se confond sans se perdre dans le modelé. C'est ainsi qu'il charme par la justesse et la richesse des tons harmonieusement combinés. Demandez cela au dessinateur, et tâchez de lui faire comprendre qu'il n'existe pas de traits dans la nature ; qu'un fil, qu'un cheveu sont ronds ; que même dans un angle, dans un coin de mur, par exemple, on doit indiquer la ligne absente par une diversité de coloration et de lumière. Regardez et analysez Titien, Véronèse, Rubens, Van-Dick ; dans l'école française, Fragonard, Watteau, Greuze, sans compter les modernes, Prudhon, Géricault, Gros, Delacroix, Decamps et bien d'autres... Voilà des artistes dont le dessin est suffisant pour rendre la conception ; voilà ce que j'appelle des peintres sachant noblement se servir de la palette ! Aux autres, la grisaille, ça suffit ; ou bien, qu'ils nous fassent sur des vases étrusques des figurines en silhouettes noires se détachant sur fond rouge ou jaune terreux. En peinture comme en musique : pas de dessin sans couleur ; pas de mélodie sans harmonie. Telle est mon opinion... J'ai dit !

Mes invités convaincus ou narquois se mirent à chanter à tue-tête, et en chœur :

> Il a fort bien parlé
> Buvons à sa santé (*bis*).

Il ne restait plus de tête de veau, mais on comptait encore dans l'assiette deux mendiants sur trois. Les bouteilles se vidaient sensiblement (Alice y avait passé) ; les paupières s'alourdissaient ; les lèvres s'allongeaient en épaississant ; la diction s'en ressentait ainsi que la nature des idées émises. Heureusement pour moi, mon devoir de maître de maison dont j'avais conscience, me forçait à une sobriété relative.

On marivaudait, comme il arrive toujours au moment du repas où l'on ressemble le moins à Marivaux. La petite Reine était naturellement le but sur lequel chacun visait, ce qui du reste semblait lui être indifférent.

Lorsque je remontai de la cave... du gargotier voisin avec deux nouvelles fioles, je trouvai le doux Murger crayonnant pour sa voisine ces vers qu'il venait d'improviser. (Entre nous, il ne fit séance tenante que les trois premiers couplets, et ne rima les autres que plus tard, après avoir entendu un croquis musical que je mis dessous et qu'il approuva. Le tout était resté inédit jusqu'à ce jour.)

A LA REINE MARGOT — *bis*.

« Quand tout chaud d'amoureuses fièvres,
Le blond avril baise nos fronts,
La chanson est plus douce aux lèvres
Des Margots que nous adorons,

Le vent s'endort dans les fougères
Le soleil rit au bord des toits ;
Et des vols de robes légères
S'éparpillent dans les grands bois.

Il faut au cœur si peu de chose,
Même quand le sort l'a blessé !
Ajoute un petit ruban rose
A ton chapeau de l'an passé.

Le temps fuit comme l'eau des fleuves:
Je veux oublier nos douleurs
Au bruit de tes bottines neuves
Trottant dans les sentiers en fleurs.

Je sais des cabarets, ma chère,
Murés de vignes au ton clair,
D'où les souvenirs de misère
S'envolent en rires dans l'air.

Viens! nous sommes encore à l'âge
Où le cœur chante à pleine voix ;
Et pas d'épingle à ton corsage,
De peur de me piquer les doigts!

Le front penché sur ton épaule,
Je te montrerai des lacs verts
Où l'ormeau, le tremble et le saule
Mirent leurs branches de travers.

Tu souriras, toute troublée ;
Mais nous nous agenouillerons,
Quand sonnera dans la vallée
L'angelus bleu des liserons.

Puis si décembre se hasarde
A nous reprendre en son exil,
Nous fleurirons notre mansarde
En songeant au retour d'avril ;

Et pour que rien ne nous enlève
Le charme exquis d'un si beau jour,
Nous le coudrons avec le rêve
Au fil doré de notre amour. »

Murger avait déjà sa marque personnelle et chacun de ces vers semble signé de lui. Vous remarquerez le hasard qui fait que la chanson « à la reine Margot — bis » peut aussi se chanter sur l'air si connu de *Musette*.

Berger versait le café ; et, au milieu du brouhaha

de la conversation générale, Pifremann racontait à Ganidel, qui en pouffait, l'histoire de ses premières amours. C'était le texte obligé d'une conférence que le *nouveau* devait faire dans les ateliers d'artistes, le jour où il offrait son punch de bienvenue.

— Gazons, gazous, criait Berger, le plus âgé et le plus retenu de nous tous.

Marguerite de Valois, *femme* Henri IV, baillait en montrant ses petites dents blanches.

Elle se pencha à mon oreille pour me prier de la laisser partir. Il fallait qu'elle se levât le lendemain à six heures, ayant séance de pose à sept.

Je pris mon chapeau et l'emmenai lorsqu'elle fut débarrassée de ses frusques historiques. La bande tumultueuse et énamourée voulut la retenir, mais j'eus le temps de la faire passer dans l'escalier et de fermer la porte. Les invectives de tous ces jaloux nous suivirent jusqu'à la dernière marche.

Dans la rue, Alice m'affirma qu'elle s'était bien amusée. Ce qui m'étonna, c'est qu'elle marchait droit, ne portant aucune trace de son intempérance.

De quel pays du Nord était donc ce petit estomac si résistant à l'alcool ?

XIII

« LES CARROSSES DE CES MESSIEURS SONT AVANCÉS »

En regagnant mon domicile, je rencontrai dans la rue Murger et Berger. Ils abandonnaient la partie qui n'était plus tenable pour des êtres ayant conservé un reste de bon sens.

Berger était, relativement à nous, un homme mûr et raisonnable (dam! il avait trente ans!).. Murger dédaignait les libations; il s'était contenté d'un fort supplément de café, prétextant un fort supplément de travail. La vérité était qu'il avait toujours un besoin impérieux de changer de place. Sa vie s'est passée en allées et venues; il a peut-être fait autant de chemin en ce monde que s'il était mort à quatre-vingts ans. S'ennuyait-il ou avait-il la curiosité du nouveau ? Je ne sais. Il fallait souvent, en une même soirée, l'accompagner dans cinq ou six endroits différents. Du reste, cette sorte de monomanie de tout voir vite, a déjà été observée chez ceux qui sont destinés à mourir jeunes.

Eux partis, il ne devait plus rester chez moi que Rozier, Ganidel, Pifremann et Lazare. L'idée me vint de me montrer jusqu'au bout grand, large et généreux pour ces fidèles amis et persistants convives. J'entrai chez un loueur de voitures à bras de mon voisinage, dont j'avais fait la connaissance quelques jours auparavant. Il me promit, sur ma demande et non sans quelque hésitation, qu'il allait immédiatement ranger devant la porte de l'Hôtel de Sens, quatre de ses petites charrettes. Que risquait-il ? l'affaire était bonne pour lui ; je le payai au tarif des fiacres, bien que chaque voiture tirée par un homme représentât l'économie d'un cheval et d'un fouet.

Quelques minutes après, les quatre voitures, attelées de leurs centaures, stationnaient dans la rue.

En entrant dans la salle du festin, je criai comme un solennel chambellan :

— Les carrosses de ces messieurs sont avancés !

Pour me remercier de cette dernière attention, ils se précipitèrent dans mes bras en faisant mine de m'embrasser à la façon des Guignol. Le difficile fut de les faire sortir, car la petite orgie les avait mis dans un état comparable à celui où se trouvait mon Erard de 1782, lequel réclamait d'urgence les soins de l'accordeur... Nous descendîmes l'escalier, moi ouvrant la marche et me retenant au mur pour empêcher la grappe humaine de couler.

Lorsque nous fûmes arrivés au bas, je remarquai que la cour était éclairée comme en un jour de fête. Tous les locataires de la maison s'étaient, en effet, mis aux fenêtres pour voir ce qui se passait. Ils eurent le spectacle de voir Pifremann porté comme un cadavre par Ganidel et Rozier ; et ils entendirent Lazare chanter, en manière de *De profundis*, cette complainte alors à la mode au quartier latin.

    Y'avait quat' jeun's gens du quartier (*bis*)
    Ils étaient tous les quat' malades

. . . .

Tableau !... Pifremann fut chargé dans la première charrette, comme un paquet qu'il était. Les trois autres ne se firent pas prier pour monter à leur tour et ne dirent mot, car ils semblaient considérer ce moyen de locomotion comme très naturel.

— Où faut-il conduire ces bourgeois-là ? demanda le chef des centaures.

Je répondis sur un ton de commandement et en vociférant comme un colonel parlant à son régiment sur le champ de manœuvre :

— A la Morgue !

XIV

JE DEVIENS SONNEUR-ADJOINT DE NOTRE-DAME

Depuis quelque temps admis dans l'atelier d'élèves du peintre Léon Cogniet, qui était situé rue de la Cité, j'allai souvent prendre une tasse de café au lait, au deuxième étage d'une maison voisine. C'était une auberge singulière, propre et calme, qui n'était hantée que par de vieux prêtres pauvres en soutanes rousses, jadis noires ; il venaient y prendre leur nourriture.

Ce premier repas ne coûtait que vingt centimes, café, lait, sucre et petit pain compris. Quelques rapins tranquilles y déjeunaient aussi tous les matins. N'y allait pas qui voulait ; après sollicitations, ils voulurent bien me présenter ; ma nature exubérante aurait été une mauvaise recommandation.

Les vieux prêtres nous regardaient avec inquiétude et nous écoutaient avec une discrète curiosité ; le hasard de la conversation, souvent peu édifiante, me portait à lancer des expressions vives et sans gêne, que je réprimai aussitôt pour ne pas les blesser. Le voisinage de la cathédrale et des grandes autorités ecclésiastiques expliquait leur présence en cet endroit. Tous étaient des solliciteurs, ainsi que je l'appris par Considérant, le maître-sonneur de Notre-Dame, qui en connaissait plusieurs.

J'avais fait de ce sonneur un ami ; loquace et pas fier du tout, il daigna m'honorer de sa confiance, et il me mit en rapport avec Gilbert, le concierge des tours, disant que j'étais un de ses aides. Il m'évitait ainsi de payer les vingt centimes exigés pour monter au sommet de l'église. Je profitai de cette facilité pour peindre là-haut quelques soleils couchants, en même temps que j'étudiai mon nouveau maître, type vraiment curieux.

Il n'y avait pas de plus terrible ennemi des dégradeurs de monuments. Courant sur les charpentes comme un chat, descendant à la force des bras par la corde en fer du paratonnerre, étant partout où on ne l'attendait pas, c'était la surveillance personnifiée.

Je l'ai vu retenir de toute la puissance de ses muscles, un couple malheureux et jeune, ayant épuisé sa dernière ressource pour monter sur une des tours et se jeter dans le vide. Il jurait à faire rougir les saints de pierre de la vieille église, poussant devant lui ces infortunés, qu'il finit par faire manger de force, et au profit desquels il fit une quête fructueuse parmi les autres visiteurs. Le soir arrivé, il les reconduisit, sans les dénoncer, à la condition qu'ils ne recommenceraient pas! Voilà mon homme !

Ouvrier cartonnier, Considérant imitait, en papier roulé, les monuments qu'il apercevait à l'aide d'une longue-vue, sur un pied mobile.

Auteur dramatique, il composait, en prose, des pièces naïves.

Observateur à la manière du *Diable boiteux*, souvent, à des heures qu'il savait, il me braquait son télescope sur des scènes décolletées que nous observions à loisir dans des maisons, dont les fenêtres, sans défiance, étaient restées ouvertes. Et, en effet, comment les acteurs de ces pastorales en chambre auraient-ils supposé des yeux indiscrets à la vieille cathédrale, perdue dans la profondeur du ciel.

Le faîte de l'église était rempli d'oiseaux de proie divers. Je vis, un jour, mon ami Considérant dénicher un nid d'émouchets, dont il chercha ensuite à dresser les petits à la chasse des pigeons ; la voracité de ses élèves l'empêcha de continuer cet apprentissage ; ils mangeaient le pigeon qui se laissait bêtement prendre, et, malgré ses appels réitérés, ne les rapportaient jamais.

C'est à lui aussi que je dois cette remarque que l'émouchet ne livrait jamais bataille aux corbeaux, parce que, vivant en bandes nombreuses, ils s'entendent parfaitement pour se défendre. Cependant, un jour, j'en vis un, plus affamé que les autres, disputer à un corbeau un morceau de viande. Celui-ci abandonna sa proie, et s'enfuit en croassant d'une certaine manière que je jugeai désespérée. Des centaines de ses noirs amis comprenant ce langage, se mirent à tournoyer au-dessus du voleur, puis ils l'attaquèrent en masse. C'était un méli-mélo innénarrable ; les plumes arrachées tombaient, emportées par le vent. Bientôt la bande disparut à l'horizon... Je doute que l'émouchet en soit revenu.

Mon nouveau professeur m'avait appris à « accorder » les cloches. Le rythme varie selon la sonnerie commandée, mariage, baptême, mort...

Quand il ne fallait que deux cloches, il était curieux de voir mon hercule de maître, aussi adroit que fort, sauter de l'une à l'autre, régler la marche en cadence, en augmentant ou diminuant le fouler.

Parfois, je l'aidai et j'éprouvai une certaine joie enfantine en jouant de cet instrument de deux à trois mille kilos, qui peut, par suite d'une maladresse, vous faire rentrer la jambe dans le torse.

Il m'arrivait aussi de me mêler aux étrangers qui venaient visiter le monument. Mon chef sonneur, naturellement loustic, montrait le toit de la chambre où la Esmeralda s'était réfugiée avec sa chèvre, et comme l'habitation de Quasimodo, sa propre demeure à lui, Considérant.

Ensuite, l'endroit où le pauvre bossu passait des heures à contempler la fenêtre de la belle recluse. Si son boniment vous intéressait, il vous faisait voir la trace de ses larmes brûlantes sur la pierre froide, ainsi que la gargouille à tête d'animal de l'Apocalypse, où Claude Frollo était resté suspendu au-dessus du vide. Quelquefois Considérant embellissait la légende, brodant sur le *canevas* du poète ; et, si un auditeur lettré lui disait n'avoir pas lu ces détails dans le livre, il affirmait hardiment les connaître par tradition de sonneur en sonneur depuis Quasimodo.

Il n'y avait d'authentique, dans ce musée aérien, qu'une petite chambre dont la fenêtre regardait Bercy. On n'y entrait que l'argent à la main. Alors on pouvait prendre place devant une table à X, en s'asseyant dans un fauteuil Louis XVI. C'est dans ce réduit et sur cette table que réellement Victor Hugo avait écrit le chapitre de Notre-Dame-de-Paris intitulé « Paris à vol d'oiseau ».

Jean-Jacques Rousseau fait entrer dans le programme de l'éducation des enfants, l'appprentissage d'un métier manuel. Mais comme tout se perfectionne de siècle en siècle, j'ai renchéri sur les prescriptions du grand philosophe, et j'ai appris un métier *pédestre* ; je foule les cloches ; je puis égayer par des sonneries variées de rythme et d'intonation, le baptême, le mariage ou la mort des personnes.

C'est fort bien ; mais il paraît que mon séjour prolongé à soixante-six mètres cinquante du sol, avait fait passer l'azur du ciel dans ma peinture. Désormais je voyai bleu et je peignais bleu ? De là l'interminable plaisanterie de Murger sur « l'influence du bleu dans les arts ».... J'en fis une symphonie.

XV

LES MODÈLES D'ATELIER

> Reste célibataire sans fiel,
> Le célibataire habite le ciel!

Mon ami Champfleury, dans une de ses pantomimes avait fait imprimer ces deux vers (qui sont de lui) en gros caractères sur une bande de calicot, que l'on déroulait devant Pierrot. C'est en effet le moyen ordinaire que l'on emploie pour exprimer une idée impossible à mimer.

J'ai suivi le conseil en restant célibataire... sans fiel et si je n'habite pas le ciel, promis à Pierrot pour la rime, j'ai du moins gardé assez d'indépendance dans ma vie privée pour étudier, plus longtemps qu'un autre, les jeunes personnes qui font profession de poser dans les ateliers.

Un matin chez Léon Cogniet, les élèves étaient déjà en place devant leurs chevalets ; on n'attendait plus que le modèle qui ne venait pas. En effet, il, ou plutôt elle, nous envoya dire au bout d'une heure que M. Eugène Delacroix l'avait fait demander.

Comment lui en vouloir ? l'artiste seul et arrivé paie plus grassement. Et puis, chez lui, on n'a pas à subir des réclamations sans miséricorde dans le genre de celles ci : « Tête plus à droite !... Pourquoi toujours fixer ce polisson de X ?... Jambe moins pliée !... Allons petite *flême*, le bras gauche plus relevé ; le droit plus en avant ; on dirait que tu veux te gratter le dos !... etc... »

Un farceur demande sur la peau un peu de chair de poule pour son voisin qui la *blairotte* trop. Il est hué par la masse des élèves solennels qui n'admettent que des observations sérieuses. Mais il est défendu par d'autres, dont l'esprit est plus gaulois... C'est un tohubohu à en devenir sourd !

A vrai dire cette musique semble toucher peu la patiente qui écoute avec indifférence, et n'en pose pas mieux pour cela.

Je me suis souvent demandé, en voyant ces pauvres femmes regarder dans le vague, à quoi elles pouvaient penser ? Ce métier est abrutissant et souvent très pénible. La paresseuse qui le choisit, offre toujours des poses couchées. Si elle est debout, hanchant à gauche ou à droite selon le besoin, le corps ne portant que sur une seule jambe, elle ne trouve pas, à coup sûr, le repos recherché.

Croiriez-vous que ces filles ont de la pudeur ? Je dis une pudeur professionnelle. Ainsi le porteur d'eau, le marchand de couleurs, ou un étranger vient-il à entrer dans l'atelier, aussitôt le modèle se voile sous la pièce la plus ample de son vêtement qui est toujours à sa portée, et ne reprend la pose que l'intrus parti, à moins qu'on ne lui certifie que ce dernier est artiste lui-même.

Au cours de la séance, on reçoit parfois la visite d'un nouveau modèle qui vient se montrer et demander de l'ouvrage. Ce peut être une malheureuse à qui un mystificateur a persuadé qu'étant bien faite, elle avait là un gagne-pain tout trouvé. Alors elle se déshabille timidement. Mais la vue de ses nippes délabrées ne fait que trop deviner la misère qui l'a poussée à ce coup d'audace, et arrête les mauvais propos.

En ce cas, et je l'ai vu cent fois, un élève confectionne un cornet avec du papier à dessin, et fait une collecte au profit de la pauvre enfant.

Le métier de modèle, beaucoup plus rémunérateur que la couture, permet de gagner en quelques heures ce qui exigerait plusieurs journées à l'ouvrière.

J'ai souvent entendu dire à bien des femmes : « Ce

n'est pas moi qui consentirai à me mettre sans aucun vêtement devant des hommes. »

— Mais, objectais-je, si on vous priait que de ne vous découvrir un peu, très peu ?

— Ah ! quelle horreur !

J'avais l'air de comprendre ce scrupule pour leur être agréable. Pourtant je riais en moi-même disant : « N'aie pas peur, tu es trop laide et trop mal bâtie pour qu'on te le propose ! »

Si le modèle de femme est jolie, les amateurs riches qui se livrent à la peinture ne la laissent pas en circulation ; ils l'accaparent quotidiennement. Quel amour du travail, se dit-on !

En attendant il ne reste aux pauvres élèves que ce qu'on pourrait appeler, par témérité de style, le dessous du panier de cette marchandise vivante.

Je vous disais donc qu'un jour, le modèle de femme fit défaut à l'atelier Cogniet. Mes camarades me donnèrent la mission délicate d'en aller quérir un par la ville.

Le hasard d'une rencontre avec un ami à qui je confiai mon embarras, me fit réussir on ne peut mieux. D'après son indication, je me rendis rue du Figuier-Saint-Paul, la rue même ou je demeurais depuis peu.

Le renseignement était bon.

Je tombais dans une famille juive. La jeune fille qui vint m'ouvrir était aussi belle que les plus belles de sa race. Elle avait les cheveux noirs naturellement ondulés ; un front peu élevé mais large ; des yeux bleus abrités sous de longs cils ; une bouche dont le dessin correct et la belle couleur sans maquillage aurait fait mourir de dépit les courtisanes de Venise. Et puis des dents, oh ! des dents qu'il y avait plaisir à se faire montrer en excitant le rire de la joyeuse enfant par quelque gai propos. Inutile de vous parler du corps qui était un chef-d'œuvre sculptural ; non que le sujet manque d'intérêt, mais il en a peut-être trop.

— Et vos parents vous laisseraient nous donner une semaine ? lui dis-je après lui avoir expliqué le but de ma visite.

— J'y consens, quant à moi, donc ils le voudront bien, me répondit-elle. Elle ajouta : Cela me convient d'autant mieux que l'atelier Cogniet se trouve sur la route que j'ai à suivre, pour me rendre, dans l'après-midi, chez M. Pradier.

Je sortis avec Caroline M*** à mon bras ; et j'aurais donné ma part de lentilles pour être rencontré par un ami qui aurait pu me croire en bonne fortune avec une aussi jolie personne ! Quant aux rapins, mes camarades, s'ils n'ont pas été satisfaits de la façon dont je m'acquittais des commissions, c'est qu'ils étaient bien difficiles.

XVI

JE ME FAIS MAGISTER

Caroline M*** devint un des modèles favoris de l'atelier Cogniet ; et moi, qui étais son voisin, j'avais pris tout doucement l'habitude de faire route avec elle chaque matin.

Nous causions. Elle me fit une fois cet aveu, qui me sembla nullement lui coûter, qu'elle ne savait ni lire ni écrire. Aussitôt je m'offris comme magister au cas ou sa famille daignerait m'admettre à ce titre.

— Si je le veux, elle le voudra, me répondit-elle sur le petit ton cassant qui lui était familier.

Me voilà donc fondant une école primaire à un seul élève, dans la tribu des M***. Le soir même je courus donner ma première leçon. Ils étaient cinq personnes autour d'une table : le père, la mère, deux fils, et un jeune homme de la même religion, qu'on me présenta comme le fiancé de Caroline..... On devine que ce dernier me déplaisait particulièrement.

Je pris place à côté de mon élève. Le père, je veux dire le patriarche, moucha avec ses doigts, qu'il essuya ensuite à son pantalon, l'unique chandelle éclairant ce taudis. La lumière étant devenue plus vive, j'inventoriai du regard un mobilier qui n'était pas celui dans lequel se prélassent les plus riches fils d'Israël. Il y avait là, un lit avec cinq ou six matelas posés en pile, et visiblement destinés à être mis par terre, au moment du coucher ; c'étaient aussi quelques chaises bancales et des ustensiles de cuisine trainant partout. On voyait encore accrochées à la murailles de petites boites à courroies servant à vendre des bibelots dans la rue, car j'étais chez des camelots.

Mon alphabet tiré de ma poche, le cours commença ; et je dois reconnaître que mon élève montra beaucoup de bonne volonté.

Au premier repos, je demandai l'autorisation de fumer ma pipe ; elle me fut gracieusement accordée. J'en profitai pour observer les personnages.

Le patriarche à tignasse crépue avait le nez busqué et frappé d'un léger méplat à sa partie inférieure, ce qui est le signe distinctif de la race juive ; des lèvres épaisses donnant ouverture à un large four ; des dents puissantes capables de découper le beefteack, cuir de bottes le plus dur ; un menton légèrement fuyant sur lequel poussait une longue barbe de couleurs diverses se terminant en pointe.

Il présentait une vraie tête de bélier ; on voit certainement chez les juifs une similitude de traits avec les animaux, tels que le mouton, la chèvre, le bœuf, le chameau. Cette ressemblance trouve son explication dans la vie commune, pour ne pas dire la promiscuité, qui liait les pasteurs des tribus antiques à leurs troupeaux.

Pendant que je fumais, la mère endormie avait laissé tomber le tricot en train ; on n'apercevait plus, sur le dessus de sa tête, que le nœud de la marmotte lui servant de coiffure. Les frères, dont l'un était étendu sur sa chaise, et l'autre avait les coudes sur la table, ronflaient comme la maman.

Caroline épelait à demi voix. Le fiancé, à l'air sombre, nous regardait alternativement. Le père à qui j'avais offert du tabac, fumait en regardant les ronds que ses grosses lèvres réunies en forme de cercle lançaient dans la chambre. La leçon se continua encore une bonne heure. Je compris qu'enfin il était temps de me retirer. Le bruit que je fis en cherchant ma canne d'un côté, mon chapeau de l'autre, réveilla les dormeurs.

Caroline prit l'unique chandelle sans s'inquiéter de laisser ses parents dans l'obscurité ; je la suivis ayant sur mes pas le terrible fiancé formant l'arrière-garde. En sortant, je pris rendez-vous pour le surlendemain, jour de la deuxième leçon, non sans avoir, d'un air que je cherchai à rendre paternel, effleuré le front de ma belle élève qui, de ses doigts transparents et roses, se donnait beaucoup de peine pour contenir la flamme de sa chandelle ; puis, elle recula lentement en poussant du pied la porte qui se referma...

D'après les yeux féroces du fiancé fixés sur moi toute la soirée, et pensant qu'il avait quelque chose à me dire, je m'éloignai lentement... Il prit du côté opposé au mien....

Lui représentait le bon motif, moi.... l'autre. Il paraît que Caroline préférait l'autre, puisqu'elle vint plus d'une fois continuer ses études de lecture chez moi, dans mon Hôtel de Sens. Mais je dois dire qu'elle se dissipa de plus en plus. La danse était ce qu'elle aimait.

Terpsichore avait chassé Minerve. La séduisante fille se livrait à des ébats chorégraphiques, et sur quel plancher !

XVII

LE BAL DE L'ILE LOUVIERS

Près de L'ile Louviers, disparue aujourd'hui, et qui dans ce temps-là n'avait pour habitants que des buches de bois, se trouvait un marchand de vin, qui donnait à danser au premier étage. Il n'y avait pas alors, dans la grande ville, de coin plus noir et plus désert ; excellent décor pour un acte ou un chapitre des *Mystères de Paris.*

C'est dans ce bastringue, fréquenté par les oisifs du port, que Mademoiselle (sous prétexte de se dégourdir les membres après l'immobilité que lui imposait son métier de modèle,) donnait libre cours à sa nouvelle passion.

Elle m'avait engagé plus de dix fois à m'y rendre à sa suite. Prenant mon courage à deux mains (je devrais dire à deux jambes), je m'y rendis un soir.

On arrivait à la salle de danse par un escalier tournant ne permettant pas d'y passer deux de front. (C'était le cavalier seul qui commençait déjà.) Il fallait un certain temps avant de se remettre et de percevoir les êtres qui se trémoussaient dans ce milieu, éclairé seulement par quelques quinquets fumeux, brûlant avec peine dans cette atmosphère épaisse.

Au moment de mon arrivée, les quatre musiciens attaquaient la première figure d'un quadrille.

La place réservée à la danse était entourée d'une barrière en bois ; il y avait des tables à droite et à gauche laissant un étroit passage au milieu ; presque toutes étaient garnies de saladiers de vin sucré avec ronds de citron, et, que les consommateurs versaient à l'aide d'une cuillère à pot. Les rafraichissements délicats, à l'usage des dames, faisaient absolument défaut.

Enfin au bout de la salle, à droite, j'aperçus Caroline dansant avec un individu, coiffé d'une casquette de velours noir, dont la visière était abattue sur ses yeux. C'était le type réussi d'un de ces êtres innomables (qui ont pourtant un nom) et dont la race n'est pas éteinte aujourd'hui sur nos boulevards extérieurs.

Caroline semblait ravie ! Oh ! vanité féminine ! Tout son plaisir était la part qu'elle prenait de l'admiration que son Vestris inspirait à la galerie. Pendant le repos précédent, le numéro 2 du quadrille, elle me vit et se détacha un instant, fendant les groupes pour venir me dire qu'elle allait me parler après la dernière figure. Son cavalier qui la surveillait, m'envoya un regard venimeux ; puis il chuchota je ne sais quoi avec ses pareils qui l'entouraient. Ceux-ci se mirent en mouvement et vinrent confier ce je ne sais quoi aux autres danseurs.

Il ne me fut pas difficile de me voir l'objet de l'attention de ces drôles, qui avaient des gestes menaçants, chaque fois qu'ils passaient devant moi. J'eus bientôt à répondre à une poussée par un coup de poing. Tous n'attendaient que cela, en raison des ordres qu'ils venaient de recevoir de Sa Majesté le roi du bal.

Immédiatement, une douzaine de ces malandrins m'entourrent et, sans explication, m'entrainèrent dans l'escalier. Les coups pleuvaient.

Sous cette énorme pression du nombre, j'étais arrivé en bas le chapeau cabossé, le nez en sang, toute ma personne en loques.

Heureusement le patron de ce repaire vint à mon secours, aidé du sergent de ville de garde à la porte. Me voyant légalement protégé, la bande s'empressa de remonter, et l'affreuse musique râcla et souffla *fortissimo, riforzando, accelerando* pour étouffer le bruit de la bataille et donner le change aux passants. Ces virtuoses savaient leur métier.

Ce qui surtout me rendait Caroline répulsive, c'était son sang-froid pendant la bousculade. Sa consolation fut probablement d'accepter un de mes tristes vainqueurs comme cavalier, une fois la danse reprise.

Tout était rompu...

Le lendemain matin, je renvoyais son alphabet dans sa tribu, ses cahiers de bâtons, son matériel de classe enfin.

Je crois que sept à huit ans plus tard, je la rencontrai à la Chaumière. Elle était suivie de *sa* femme de chambre, mais elle n'avait encore appris à lire ni à écrire, ayant eu probablement autre chose à faire.

XVIII

MARCEL

Le lecteur doit être impatient d'entendre parler des personnages jouant les *Scènes de la Vie de Bohème !*

Marcel, le peintre, ainsi qu'il a été dit, est un composé de deux artistes qui furent mes amis, et dont la destinée finale a été diverse ; l'un avait nom Lazare, l'autre Tabar.

Lazare, présent à ma crémaillère de l'Hôtel de Sens, était un grand et vigoureux gaillard, blond de cheveux et un peu rouge de peau. Le plus riche de nous tous, il habitait avec son frère la maison de la rue d'Enfer (aujourd'hui Denfert-Rochereau) portant le n° 77 ; j'entends la maison qui est à droite dans la cour, car celle qui borde la rue n'existait pas encore. Il était là chez lui par l'héritage de son père ; jamais on n'avait vu « un bohème » si à l'aise.

Qui sait si ce n'est pas le mirage de la richesse qui avait attiré au 77 de la rue d'Enfer « les Buveurs d'eau » soit : Murger, Chintreuil, Tabar, Vastine, Cabot, les frères Desbrosses surnommés l'un « le Christ », l'autre « le Gothique » ? Je reviendrai sur cette société de tempérance forcée ; pour le moment, il me suffira de dire que Lazare en fut membre.

Qui sait encore si ce n'est pas par amour du contraste que ce propriétaire avait une telle rage de courir Paris à la recherche du monde interlope ? De fait, il était pris comme Champfleury de la curiosité des industries bizarres ; et comme Privat d'Anglemont de la passion des repaires et des bouges.

C'est à lui que je dus de faire connaissance avec la buvette sordide de Trousseville. On trouvait ce bazar de tous les alcools, rue Saint-Jacques où il faisait face à la rue des Mathurins (aujourd'hui du Sommerard.) La vitrine était ornée de bocaux dans lesquels s'imbibaient de trois-six les dons les plus variés de Pomone, tels que cerises, prunes, noix, etc...

Là, on se réunissait aux *heures vertes*, de cinq à sept heures. On y buvait debout comme au *bar* américain ; et la société, qui n'était pas même assez mêlée, se composait de chiffonniers. Ces Diogène du crochet, ces philosophes errants étaient pour la plupart des déclassés sortis de tous les rangs de la société, et leur fréquentation n'était pas toujours sans profit pour des natures jeunes et curieuses, voulant s'armer pour le combat de l'existence. Moyennant un petit verre, les personnes désireuses de se perfectionner sur la moralité pouvaient, là, prendre une excellente leçon rien qu'en écoutant le récit de leur vie tourmentée que faisaient ces pauvres hères.

Un long banc scellé dans le mur, à droite en entrant, était le seul siège destiné aux consommateurs. Les *poivrots* en questions s'y trouvaient assis ; quelques-uns dormaient en s'appuyant la tête sur l'épaule de leurs voisins ; d'autres regardaient dans le vague, en tenant les plus étranges monologues. Si l'un d'eux élevait trop la voix, le vigoureux garçon de l'établissement, sur un coup d'œil du patron, l'appréhendait au corps et le jetait dans la rue.

Les délicats consommaient face au comptoir, évitant de se retourner pour n'avoir pas le spectacle de cet étalage fantastique, où les chairs rouges violacées et parcheminées de ces hommes se mêlaient aux tignasses et aux barbes mal peignées de toutes nuances. Il n'y aurait eu qu'Eugène Sue d'assez alléché par ces difformités fangeuses pour en repaître son regard et les étudier à la loupe.

C'est là que je fis la connaissance du triple bohème Privat d'Anglemont, ainsi que de Watripon et de son jeune ami Delvau qui a laissé un nom estimé dans les lettres.

Les esprits militants, passionnés pour la discussion, fréquentaient volontiers ce Trousseville-*house*. On y commentait à voix basse les actes du gouvernement de Louis-Philippe ; on ne craignait pas de conspirer à voix haute contre les académies scientifiques, artistiques et autres. Bien des cours de la Sorbonne et du Collège de France furent troublés par un mot d'ordre parti de là.

Murger venait parfois nous retrouver lorsqu'il sortait de chez Karol son professeur de moka, lequel demeurait dans le voisinage. Mais, dans sa sobriété qu'on ne saurait assez vanter, il se contentait d'un innocent cassis à l'eau. Du reste, il ne faisait jamais une longue station, car lorsqu'il était sur ses jambes il avait la monomanie de marcher, on pouvait dire de lui que c'était « le chrétien errant des temps modernes ».

Ensuite nous le reconduisions pendant une partie du chemin, lorsqu'il rentrait chez lui, rue de la Tour d'Auvergne, dans la maison qui porte encore aujourd'hui les numéros 1 et 3. Souvent nous prenions un « train d'étudiants », c'est-à-dire que nous nous mêlions à un groupe de ces jeunes gens faisant une descente systématique et réglée chez la mère Moreau.

Lazare me mena aussi au dîner des tireurs de sables, qu'il avait découvert dans mon quartier et presque en face de l'Hôtel de Sens, où j'habitais.

Qui de nous n'a vu, sur un bateau de la Seine, ces hommes à demi-nus maniant une longue perche au bout de laquelle se trouve adaptée à angle droit une pelle en fer? C'est avec cet outil qu'ils tirent péniblement le sable du fond. Ils prenaient donc leur repas chez un gargotier de mon voisinage. Et, singulier détail, l'établissement ne fournissait pas le pain ; chacun était tenu d'apporter sa miche. Lazare et moi nous prîmes place modestement au bout de la table. Le menu se composa d'une soupe et d'un copieux ragoût. Nos tireurs de sable, au nombre d'une vingtaine, avaient bien mis leurs blouses pour traverser la ville, mais par profession peu frileux, ils les retiraient pour dîner. Et comme ils étaient dénués de tout linge, on ne voyait plus autour de la table que vingt torses nus hâlés par le soleil et par le vent. Un véritable repas de peaux-rouges!

Ces hommes mangèrent en observant un silence monacal, car la présence parmi eux de deux intrus travestis en « messieurs » devait les intimider.

Lorsque nous passâmes à la caisse, on nous demanda à chacun vingt sous. Ce n'eût été que quatre-vingt-dix centimes si nous avions apporté notre pain selon le règlement.

Nous achevâmes notre soirée chez la « duchesse de Berry »; je veux dire chez une rôtisseuse de la rue Dauphine, qui avait conquis ce surnom par sa ressemblance avec la bru de Charles X.

Maintenant, Tabar? puisque ce jeune peintre de talent, ce coloriste doué, entre pour une bonne part dans le type de Marcel. Tabar, dont l'atelier se trouvait au n° 69 de la rue du Cherche-Midi, était un garçon d'une force extraordinaire. Je l'ai vu avec deux doigts prendre et soulever un fusil de munition qu'il ne tenait que par l'extrême bout de la baïonnette. Un soir que nous nous étions mis en route à sept ou huit pour une partie de campagne, il rossa et mit en fuite une bande de malfaiteurs qui nous avait attaqués dans les parages de la barrière du Maine. Cet hercule de la peinture tapait si bellement et si dru que nous n'avions pas même besoin de l'aider. C'était un spectacle de le voir ainsi *travailler;* notez qu'il était en habit noir, son vêtement de prédilection.

Mais cette partie de campagne nocturne demande quelque éclaircissement. Nous avions, dans ce temps-là, l'habitude assez fréquente de partir à pied, vers minuit, pour le Plessis-Piquet, ou les bois de Verrière. C'était une façon ingénieuse d'éviter la chaleur du jour. Arrivés à destination, nous formions un bivouac; et bohèmes parisiens que nous étions, nous faisions cuire notre déjeuner en plein air comme de véritables Bohémiens. Combien ignoreront toute leur vie la saveur qu'acquiert un beefteack dans ces salles à manger champêtres, quand il faut aller le chercher à trois lieues! Le vin nous était fourni par le père Cens, qui n'avait encore qu'une échoppe, en attendant le luxueux cabaret, connu depuis sous le nom de « Coup-du-Milieu ».

Murger, souvent des nôtres, emportait toujours une boîte à aquarelle et faisait des études comme il pouvait. Le flûtiste Miramont, virtuose d'un vrai talent, apprenait des cavatines de Rossini aux oiseaux du bocage.

On se rappelle le chapitre si plaisant de la *Vie de Bohème* où le peintre Marcel s'acharne à un tableau qui représente successivement, et à force d'avoir été retouché, le *Passage de la mer Rouge*... le *Passage de la Bérésina*... enfin le Passage des Panoramas.

Dans la réalité, les choses se sont présentées autrement. Tabar n'en avait pas moins commencé une grande toile sur ce sujet biblique, le passage de la mer Rouge; mais les frais de modèles, de costumes et de mannequins étaient trop considérables pour sa bourse. Il dut aviser, et il se résolut à modifier la composition de son tableau, lequel, mené à bonne fin, parut au Salon de 1842, sous le titre de : *Niobé et ses enfants tués par les flèches d'Apollon et de Diane.*

Le livret porte ces vers de Léon Noël, du poète dont je vous ai déjà parlé et chez qui j'avais fait la connaissance de Murger :

Il lui restait une fille dernière
Lors, de ses vêtements l'entourant tout entière,
De son corps la couvrant : — Quoi la plus jeune aussi !
Une ! laisse-m'en une ! oh ! rien que celle-ci ! —
Elle prie, et sa fille expire. Sur la place
Elle demeure ayant les cadavres en face,
La douleur l'a rendue immobile, et le vent
Ne trouve sur son front un seul cheveu mouvant.
Le sang manque à sa joue, et sa morne paupière
Fixe en ses yeux béants des regards sans lumière.
En elle tout est mort : son pied ne peut marcher,
Son bras s'étendre ; enfin ce n'est plus qu'un rocher.
Elle pleure pourtant ; mais jusque dans ses larmes
La peine coule et rend muettes ses alarmes.

C'était un paquet de quatorze cadavres !... Tabar eut à éprouver le dévouement de ses amis, qui modestement déshabillés, posèrent à tour de rôle pour l'exécution de cette œuvre. De la sorte, j'eus, une fois dans ma vie et en plein Louvre, cette joie macabre de contempler mon cadavre verdi par la mort ! Et Niobé, s'il vous plaît, avait l'air de beaucoup me regretter ! Dire que j'ai été pleuré à l'huile !

Tabar, dont cette *Niobé* était le premier tableau, a poursuivi sa carrière non sans succès. Nous le retrouvons notamment dans le livret du Salon de 1868, classé dans les médaillés pour ses deux toiles : *Sortie de la Mosquée Suleymanié* (Constantinople) ; et *incendie à Scutari*.

Tabar est mort depuis quelques années.

. . . .

XIX

COLLINE

De même que dans Marcel s'additionnait Lazare et Tabar, de même retrouvons-nous dans Colline le total de Wallon et de Trapadoux.

Si ce n'était pas être trop affirmatif en ces matières délicates, j'emprunterais aux algébristes leur jargon et je dirais :

Lazare *plus* Tabar *égalent* Marcel.
$$(L + T = M.)$$
Wallon *plus* Trapadoux *égalent* Colline.
$$(W + T = C)$$

Jean Wallon qu'on a parfois confondu, je ne sais pourquoi, avec M. le sénateur Wallon, était un homme de moyenne taille, de structure vigoureuse, et qui portait une abondante chevelure. Nadar, qui l'a bien connu, en parle ainsi dans les notes qu'il a publiées au moment de sa mort.

« Je le vois encore, quand nous étions jeunes, sous son chapeau à bords larges, ses longs cheveux châtains peignés tout justes pour ne rien céder au vain désir de plaire et flottant dans sa lévite roussâtre en drap bourru, ses bouquins vissés sous le bras... — Bien tel accoutré et grimé que nous le rendit, à la première de la *Vie de Bohème*, notre fête à tous ce soir-là, le comédien qui représentait Jean Wallon dans le rôle du philosophe Colline...

» ... Wallon était le moins fou certainement et le plus posé de cette bande de moineaux tapageurs que nous étions...

« Il représentait parmi nous, où naturellement tout devait être représenté, une science morte: la théologie... « Croyant comme la Foi, sincère et naïf comme l'âme des petits enfants, honnête de toutes les honnêtetés, d'une compassion attendrie pour toute souffrance humaine comme nos *sensibles* de la fin du dix-huitième siècle, angéliquement doux et indulgent à tous. Mais aussi obstiné et absolu jusqu'au sacrifice de lui-même, il a porté toute sa vie sur ses solides épaules la plus lourde et aussi la plus vaine des chimères : la réconciliation de l'Église primitive avec la société moderne, ce rêve de quelques âmes tendres...

» A l'affût et au guet perpétuel de l'ultramontanisme, entassant articles de revues sur brochures, brochures sur volumes: et *le Clergé de* 89, et *Un Collège de Jésuites*, et *Jésus et les jésuites*, et *Rome et la France*, et *Emmanuel*, et les trois tomes parus sur six de l'*histoire de l'Eglise de France*, etc. »

A ce compte-là Colline, ou plutôt Wallon, serait un prédécesseur de M. Loyson, un père de son Eglise, si Eglise il y a !

Mais passons.., Nadar, pour terminer son article, nous donne encore cette belle et touchante lettre de l'auteur du *Clergé de* 89.

« Mon cher ami,

» Je travaille et je m'interromps tout à coup pour songer combien nous sommes injustes envers notre pauvre et saint ami La Madelène, dont le souvenir est toujours pour moi comme au premier jour. Toi qui l'as connu, qui as touché son âme, senti sa pureté, sa douceur, son élévation, sa nature d'ange, en un mot, ne pourrais-tu lui donner un souvenir? Ne fût-ce que pour protester, une fois de plus, contre cette idée ridicule et inepte qu'on s'est faite de la bohème de Murger, et contre laquelle il a lui-même senti le besoin de diriger sa première préface. (D'un autre côté je ne voudrais pas qu'il servît de repoussoir contre Murger, mais tu sauras délicatement faire la part à chacun.) Oui, La Made-

lène était un saint, et cependant un bohème par le
décousu et l'imprévu de la vie. Il a payé intégralement ses dettes, même celles que les créanciers
avaient oubliées ou ne voulaient plus réclamer.
Il les a recherchées souvent avec difficulté, et toutes
acquittées. Ce n'est là que le petit côté ; mais, à
cause de cela, le plus sensible au vulgaire, il y faut
appuyer. Que de qualités nobles et belles ! que de
vertus avec cela ! *Il nous a donné ses exemples ; nous
lui donnons notre témoignage ! Toute la vie est dans
ces deux mots. Faisons donc notre devoir.*

« JEAN WALLON. »

Selon ce qu'en ont cru beaucoup d'entre nous, ce
serait l'apprenti *philosophe* Trapadoux (l'autre
Colline) qui aurait entraîné l'esprit de Wallon dans
les études théologiques. Du reste, et bien qu'il en
niât la paternité, il était l'auteur d'un ouvrage intitulé *Jean de Dieu*. Il a publié aussi, mais en le signant, un intéressant travail de critique dramatique
intitulé : *Etude sur l'art contemporain : Madame A.
Ristori. Ses représentations aux Italiens et à l'Odéon*
(1861).

Je vois encore Trapadoux. Sa figure aux traits
secs semblait tirée des cartons de Jules Romain
que l'on voit au musée des dessins du Louvre. En
regardant ses mains osseuses, on était étonné de ne

pas y voir la grande épée à double tranchant des exécuteurs du moyen âge.

Nerveux et long, avec des cheveux insoumis et une barbe plantureuse, il avait le nez sensiblement incliné sur la gauche comme dédaigneux de la régularité ordinaire. Sa peau était bistrée, vraie peau d'Arabe. Il portait un chapeau haut de forme à petits bords ondulés. Quant à son paletot, il est certain que jadis il avait été vert, ce qu'attestaient les parties de l'étoffe à l'abri de l'action décolorante de la lumière. De là son surnom de « Géant vert ».

Personne n'a jamais su s'il possédait quelque fortune ou un emploi rémunérateur. On ne le voyait sur les quais que les dimanches et jours fériés, où il se rencontrait avec Wallon, autre bouquinier ambulant. Aussitôt la brume, il volait au café Momus, où l'attendait son dîner. Le maître de l'établissement lui donnait, en échange de quelques conseils littéraires, un vin qu'il lui réservait exclusivement.

Le seul Charles Baudelaire put soulever un coin du voile qui couvrait sa vie. En nous recommandant la discrétion, il raconta à chacun de nous l'histoire suivante :

Une nuit qu'il errait par les rues avec Trapadoux, il s'aperçut que, tout en devisant, ils étaient arrivés dans le quartier de l'Observatoire. Or, à cette époque, Baudelaire habitait Neuilly (avec une négresse d'Abyssinie qui s'habillait en dame européenne.) Comment faire pour rentrer ?... Pas de voitures ! D'ailleurs, pas d'argent !... Devant cet embarras non prévu, son compagnon lui offrit l'hospitalité, qu'il accepta.

Au boulevard Montparnasse, on s'arrêta devant une vieille petite maison moisie, dont la porte, faute de concierge, s'ouvrait avec un passe-partout.

On voit d'ici s'engageant dans cette bicoque mystérieuse le futur traducteur d'Edgard Poë. La chambre qu'habitait l'auteur de *Jean de Dieu* était principalement meublée par des piles de livres poussiéreux, allant du plancher au plafond. Elle contenait cependant un lit de fer pour une personne, et une table portant à la fois un pot à l'eau et un encrier, parce qu'elle faisait office de toilette et de bureau.

Baudelaire, en sa qualité d'invité, s'étendit sur le lit, et son hôte s'organisa une couchette au moyen d'in-folios habilement disposés.

C'est maintenant Baudelaire qui raconte :

— Défiant de ma nature, je ne pouvais dormir que d'un œil. Vers trois heures du matin, je vis aux rayons de la lune mon Trapadoux s'approcher de moi avec les précautions d'un chat et s'assurer que j'étais plongé dans le sommeil. Convaincu par mon immobilité que j'étais en effet parti pour le pays gris des rêves, il se déchaussa, enleva ses vêtements en ne gardant que son pantalon, puis ouvrit avec prudence une armoire, dans laquelle se trouvaient rangées des bouteilles de capacités graduées. Je me dis: « Ah! çà, est-ce qu'il va boire tout seul? Eh! là-bas! je suis là! »... Mais non, ces bouteilles ne contenaient que du plomb de chasse. Trapadoux prit les deux plus grandes et se mit à faire des haltères avec fureur. Ce manège dura bien une heure, repos compris ; après quoi, mon hôte remit tout en place, se rhabilla et s'endormit profondément sur ses in-folios. Etait-ce donc là son secret? Était-ce pour cette gymnastique clandestine qu'il cachait si soigneusement sa vie? Le cœur de l'homme a des replis étranges!

Ce devait être au contact de Trapadoux que Wallon avait pris cette manie du mystère par laquelle il se distinguait si fort, lui aussi. Tous les soirs, par exemple, il s'échappait discrètement du café Momus — comme un courant d'air y serait entré. Trois ou quatre d'entre nous sortaient après lui et le *filaient* avec attention. Je ne sais si Wallon nous sentait sur ses pas; mais quand il était arrivé rue de Valois, il prenait sa course et disparaissait dans l'ombre. Selon toute probabilité, le fuyard entrait dans le Palais-Royal par une des nombreuses portes qui y sont ménagées. Jamais nous n'avons pu le rattrapper... Force nous fut d'imaginer un petit roman, et nous créâmes dans nos cervelles fertiles une dame qui (on ne sait pourquoi) reçut le nom de « Dame au parapluie vert. » De soupçons en suppositions, nous en arrivâmes donc bientôt à la certitude, par la pente que l'on sait ; et nous affirmions que c'était cette inconnue que notre théologien visitait si ponctuellement aux heures les moins respectueuses.

Il avait une autre passion, et celle-là il l'avouait, ce qui fait que nous n'étions pas obligés de courir après lui comme des chiens de chasse, pour surprendre son secret ; il adorait la musique, de préférence la musique classique, « parce qu'elle répand une odeur de vieux bouquins. ».

Je crois avoir donné de Wallon une silhouette suffisante pour le moment ; mais j'y reviendrai incidemment au cours de ce travail. Je ne dois pas oublier cependant qu'il fut pendant quelque temps directeur de l'Imprimerie nationale. Au moment de sa mort, arrivée en mai 1882, je reçus la carte postale suivante :

« Mon cher ami,

» Tu as été le Schaunard de la *Vie de Bohème* de Murger ; dis-moi tout ce que tu sais de Jean Wallon, qui en fut le Colline. J'ai besoin d'être renseigné extraordinairement, pour ma chronique du samedi au *Charivari*. Donc des détails, ou la mort !...(De préférence des détails !)

» A toi,

» ALBERT DE LASALLE. »

Je répondis immédiatement :

« Mon cher Albert,

» Tu me demandes ce que je sais de Jean Wallon, qui fut le Colline de Murger.

» Il fut introduit dans notre cénacle par Champfleury : tous deux étaient de Laon, le doux pays des artichauts. C'était un garçon de taille moyenne à la copieuse chevelure. Son nez mince, ses yeux gris-bleu, ses mains grassouillettes achevaient de constituer une de ces enveloppes dans lesquelles aiment à se loger les âmes mystiques. Rentier héréditaire, il vivait avec sa mère dans l'île Saint-Louis, où son estomac le ramenait deux fois par jour. Et malgré de tels avantages, il n'était pas gai, ou bien sa gaieté était le reflet de celle des autres. Son habit d'ecclésiastique en escapade laïque était bourré de livres aux quatre points cardinaux, chacune de ses poches portait le nom d'une de nos bibliothèques publiques. Au nord, la Richelieu, à l'ouest, la Mazarine, à l'est, l'Arsenal, au sud, la Sainte-Geneviève.

» C'est de cette dernière, c'est du rayon des auteurs grecs qu'il tira de quoi me souffler mon rôle, pendant la fameuse soirée des Bohèmes, quand j'ai imité les « jeux athlétiques de la quatrième olympiade. » Après son dîner, il venait chez Momus, qui, comme Murger l'a ébruité depuis, versait le café à notre immortelle pléiade ! Il y venait surtout pour philosopher avec Trapadoux, autre bibliothèque à deux pieds. S'il triomphait dans la discussion, mais alors seulement ! il se rendait sans bruit chez la « dame au parapluie vert, » une personne toujours restée mystérieuse pour nous... (?) Dernièrement, je l'ai rencontré devant le café de Madrid, à six heures (à l'heure verte !) Il ne m'a offert que sa bénédiction gallicane, ou je ne sais plus quoi d'aussi peu rafraîchissant !

» Bien le bonjour, à toi et à tes lecteurs du *Charivari*.

« A. S. »

XX

CONSÉQUENCE IMPRÉVUE D'UNE LETTRE

Cette lettre, que l'on vient de lire, m'aura coûté plus d'encre qu'il n'y paraît; non pas que j'ai eu à la recommencer plusieurs fois; le temps me manquait, et il m'avait même fallu la brocher dans la plus grande hâte, pour les besoins d'une chronique affamée d'actualité. Mais vous allez voir comment un papier griffonné en amène d'autres, si on n'y prend pas garde :

Ladite lettre, (j'en suis encore confus!) obtint un succès de reproduction dans les journaux de Paris, puis fut portée à la presse de province sur l'aile accélérée de M. Havas.

Albert de Lasalle, qui lui avait donné l'étrenne de

l'impression dans les colonnes du *Charivari*, m'avoua alors :

1° Qu'il venait de faire une expérience de... « chimie littéraire, » (mot forgé pour la circonstance.)

2° Que j'y avais joué à mon insu le rôle de réactif ;

3° Que ladite expérience avait parfaitement réussi ;

4° Qu'il savait maintenant ce qu'il voulait savoir : soit que le public attachait toujours le plus grand intérêt à Murger et à son groupe, ainsi qu'à beaucoup d'autres écrivains ou artistes, parmi ceux qui ont soixante ans aujourd'hui, et dont la jeunesse a été pleine de bruit et de fantaisie.

L'ami Lasalle en conclut que j'avais à acheter, sans retard, quelques mains de papier, et à y consigner tout ce qui me reviendrait du temps où Schanne était Schaunard.

Je résistais... Il tenait bon !...

Nous avions fréquemment des conversations dans ce goût :

Lui. — Allons, à la besogne ; et que la semaine prochaine je lise ton premier chapitre en manuscrit.

Moi. — Saurais-je m'y prendre ?

Lui. — Mais oui, j'en suis persuadé. On est toujours assez habile pour raconter ce qu'on a éprouvé avec ses propres nerfs, ce qui a remué son sang ou échauffé son cœur à soi. L'autobiographie est un genre accessible à qui veut l'aborder, ainsi qu'on l'a vu par mille exemples.

Moi. — Voyons : ai-je bien le droit de me mettre, comme cela, tout à coup à ennuyer les grandes personnes, après avoir si longtemps travaillé à amuser les enfants ?... De mon métier, je fabrique des petits agneaux, poupées, quadrupèdes qui disent « papa » en patois mouton. Or, je ne sais si jamais un géomètre a mesuré la distance qui sépare ma profession de celle de Sainte-Beuve, ou de Mérimée ?...

Lui. — Ajoute donc Bossuet et Fénelon sur la liste ; et ne t'en gêne pas, car je suppose que tu veux me donner à rire avec tes comparaisons excessives ! Mais je te vois venir, toi, qui as vécu près de Varin, et qui sait par cœur ses *Saltimbanques* et sa *Rue de la Lune*, son *Bal du grand monde* et sa *Chambre à deux lits*... Tiens, allume une pipe et causons sérieusement. Tu te souviens peut-être qu'un soir d'été, à Londres, nous nous étions assis sur un banc de Green-Parck, où tu ouvris devant moi ta cassette aux anecdotes, déjà entr'ouverte dans ton atelier de la rue de la Harpe. Un Anglais, qui se trouvait près de nous, avait l'air de beaucoup s'en amuser, bien qu'il ne sût pas un mot de français. Que serait-ce alors à l'inverse, c'est-à-dire d'un Parisien ne comprenant pas l'anglais et à qui on conterait les mêmes histoires ?

Moi. — Ah!... je te prends à commettre un paradoxe!"

Lui. — Peut-être, car, pour convaincre un grand entêté, tous les moyens sont permis... Je te suppose donc courbé sur ton papier, et en train de vider ta mémoire de tout ce qui s'y est emmagasiné depuis ta première rencontre avec Murger... Le travail devient épineux par endroit, et il y a des journées entières pendant lesquelles l'encre reste sèche dans ta plume. Alors tu me fais signe et j'accours, avec tous les conseils qu'a toujours sur lui, comme une trousse, un vieux fabricant de prose en chambre. Je t'aide à disposer ta matière en chapitres; je t'empêche de chercher un enchaînement trop rigoureux dans des historiettes qui ne doivent être que des croquis d'album, auxquels un certain décousu ne messied pas; surtout, je te rappelle, et souvent, au devoir qui t'incombe d'éclairer du jour froid de la réalité les scènes les plus romanesques de la *Vie de Bohème*... Du reste, ce n'est pas une collaboration que je t'apporte; ce n'est qu'un coup de main de camarade.

Moi. — Oh!....

Lui. — Seulement je te préviens que je serai cruel!... Armé de ciseaux, je taillerai et rognerai dans ton manuscrit; j'en enlèverai tout ce qui m'y paraîtra faire longueur... Mais, pour ce petit service, si je te prends à dire du bien de moi, oh! alors, ça ne sera pas le fer, ce sera la flamme qui fera justice de tes divagations affectueuses.

Moi. — .....!
Lui. — .....??
Moi. — ......!!!

. . . .

Enfin harcelé ainsi depuis plusieurs années, je n'ai pas eu d'autre moyen, pour reconquérir la paix, que d'écrire *mes Souvenirs*.

XXI

UN PUNCH, PLACE DU PANTHÉON

Si le lecteur a gardé souvenir de ma plantation de crémaillère en 1842 à l'Hôtel de Sens, mes anciens voisins de la rue du Figuier, à supposer qu'ils vivent encore, ne l'ont peut-être pas oublié. Cette manière bruyante de manger du civet de chat, avait été fort remarquée, dans un quartier où l'espèce malfaisante des rapins était inconnue. Je ne pouvais sortir de mon donjon gothique sans rencontrer des dévotes qui se signaient, ou des mères qui me montraient à leurs enfants comme un exemple à ne pas suivre. Tous les regards curieux et offusqués qui se croisaient sur moi, disaient clairement « Le voilà ! C'est lui !... »

Je voyais aussi dans mes rêves, le fantôme du chat roux trottiner autour de moi d'un air rancuneux, et encore barbouillé de la sauce dont Berger l'avait accommodé.

Par le sang Dieu! je crois qu'il n'est pas jusqu'à l'ombre rose et blanche de la reine Margot qui ne m'appelât « Messire Satanas, » lorsqu'elle m'apparaissait la nuit.

Que voulez-vous ?... Pour les bourgeois de ce temps, tous ceux qui se livraient aux arts libéraux, à l'exception des académiciens, étaient des va-nu-pieds. Aujourd'hui les barbouilleurs de troisième ordre sont élégamment chaussés, et ont leur hôtel. On couvre d'or le tableau du peintre à la mode, surtout lorsqu'il est meublant.

Le romancier aimé, ou le chroniqueur en vue, trouvent à manger, et même à boire dans leur encrier. Au fond c'est justice que le talent ait enfin sa place au soleil.

Il n'est pas besoin de dire que le mot « bourgeois » ne s'applique pas dans l'argot des ateliers à une catégorie sociale. Je ne veux parler ici que de l'esprit bourgeois considéré dans sa lourdeur. Que l'on soit de grande noblesse ou de petite condition, homme d'état, ouvrier, artiste et même littérateur, on a ou on n'a pas cet esprit. Sans doute vous connaissez comme moi des bourgeois d'aujourd'hui, plus instruits et déliés que ceux d'autrefois, possédant ainsi beaucoup de délicatesse et de finesse dans l'exercice de la vie.

Je me résolus donc à déménager pour retourner au quartier latin qui était pour moi une vraie patrie par le nombre d'amis que j'y comptais. D'ailleurs Murger, avec qui je commençais à être très lié, se disposait à faire de même en abandonnant sa mansarde de la rue de la Tour d'Auvergne.

Le paysagiste Jules Rozier et moi, nous louâmes donc à frais commun, un atelier rue de la vieille Estrapade dans le quartier du faubourg saint-Jacques.

La crémaillère fut cette fois des plus modestes ; nous nous y étions d'abord refusés, prétextant que cet usage, qui date de temps fabuleux, ne pouvait avoir persisté jusqu'à nos jours. Mais les amis ne voulurent rien entendre, et il fallut bien procéder à la petite cérémonie.

Bacchus vint à notre secours, ayant pris la forme moderne d'un jeune monsieur dont la profession était d'être l'ami des peintres. On m'entend : il passait comme tant d'autres ses après-midi dans les ateliers à guetter le moment favorable, où il pouvait avoir à bon compte le dessin ou le tableau convoité. C'était le fils d'un marchand de spiritueux en gros. Il nous envoya un tonnelet de trente litres de cognac ; mais nous payâmes cette fourniture par un paysage historique dans la manière du Poussin : vous voyez d'ici cette peinture, de grands arbres sur le premier plan, une ville romaine dans le fond. Je me souviens que, pour céder au caprice impérieux de notre Bacchus, je dus ajouter, sur la toile de Rozier, quelques nymphes et bacchantes éperdues.

Mais il fallait du sucre et quelques autres ingrédients pour le punch. Nous nous procurâmes l'argent nécessaire à ces achats supplémentaires en allant vendre un lot de nos gravures à un vieux marchand de la place du Carrousel, le père Médicis dont parle Murger.

Le jour venu, nous invitâmes une partie des buveurs d'eau, qui devaient avoir besoin de se tonifier l'estomac, ainsi que plusieurs étudiants que connaissait Rozier. Nous voilà donc réunis une douzaine de gais lurons et joyeux drilles, un soir de Janvier.

On sait qu'à cette époque de l'année a lieu la neuvaine de sainte-Geneviève, et qu'à cette occasion, se tient, sur la place du Panthéon, une foire aux objets de piété. Dans la foule qui est grande, on voit entre autres habitués de timides fiancés venus pour acheter des anneaux d'argent qu'ils font ensuite toucher à la pierre tombale de la sainte. Ce sera le porte-bonheur de leur futur ménage. Et dire que ces scènes touchantes se passaient dans un quartier de jeunes mécréants, comme nous l'étions tous alors, dans la société que Rozier avait invitée !

Voyez : un parpaillot d'entre nous proposa d'aller faire flamber le punch au milieu des dévots de la place du Panthéon. Sa motion fut acclamée, et nous partîmes aussitôt avec nos ustensiles. Le tonneau ouvrait la marche, porté comme un lustre par deux d'entre nous. Chacun avait un verre dans sa poche.

Il est à remarquer que dans une réunion de jeunes gens, il s'en trouve toujours un qui a la prétention d'avoir une voix d'opéra. Comme de juste nous avions notre soliste dont le morceau favori était « le Rataplan » *des Huguenots ;* il en fit donc retentir les échos de la rue de l'Estrapade, échos qui s'endorment tous les soirs à neuf heures, et le refrain en chœur était hurlé par toute la bande. Pourtant nous observâmes un silence prudent en arrivant sur la place ; puis, il en fut ainsi qu'il avait été dit.

Le cognac, allumé et remué avec une grande cuillère devant le péristyle du Panthéon, donnait une flamme d'un mètre de haut, éclairant par intermittence les personnages du superbe fronton de David d'Angers. La figure de pierre, représentant la Patrie reconnaissante, semblait animée et vouloir déposer ses couronnes sur nos têtes non méritantes. Cette lueur inattendue attira l'attention des attardés de la foire religieuse qui vinrent se ranger en cercle pour assister à cet office du soir, si peu orthodoxe.

Rozier qui dirigeait la fête donna à haute voix le commandement : « Apprêtez... chopes ! » Nous obéîmes passivement. Puis il cria sur le même ton après que chacun de nous eut reçu sa ration : « Etes-vous parés ?... » Le chœur répondit: « Oui, Monsieur ! » Le chef reprit : « Aux grands hommes !.. » Toutes les chopes s'élevèrent dans la direction du fronton de David. Enfin arriva ce dernier ordre « Envoyez !... » Toujours disciplinés, nous engouffrâmes avec ensemble le liquide brûlant.

Nous n'étions pas inventeurs de cette manœuvre ; elle n'était que la parodie de celle qui se pratique sur les vaisseaux de guerre.

On ne doute pas de l'arrivée immédiate de deux sergents de ville.

— Qu'est-ce que vous faites là, à mettre le feu à la place ?

— Elle n'est donc pas assurée, votre place ?

— Mais, dit un des nôtres qui était avocat, permettez-moi de vous faire remarquer, messieurs les hommes d'armes, que les boutiques de la neuvaine étant à gauche et nous à droite, nous n'empêchons pas la fête.

— Pas d'explications... Si vous ne nous f.... le camp, nous allons vous f.... dedans !... Oust !!!

— Enfin, reprit l'avocat en nous faisant signe de détaler, nous n'avons pas, comme Mirabeau dont la tombe est dans ce monument, la prétention d'être ici par la volonté du peuple et de n'en partir que par la force des baïonnettes.

Nous rentrâmes processionnellement à l'atelier, comme nous en étions sortis ; seulement nous étions plus nombreux, parce que sept ou huit badauds inconnus s'étaient permis de nous accompagner.

La fête se prolongea pendant une partie de la nuit, jusqu'à épuisement du tonnelet. Aussi, lorsqu'il nous fallut, Rozier et moi, nous lever dès l'aube pour achever d'urgence un travail de peinture, nous avions la main mal assurée. Il s'agissait d'exécuter une commande d'une douzaine de stores que nous avions reçue d'un restaurant situé dans le sous-sol du passage de l'Opéra. Les malheureux stores furent donc peints tout de travers, et à faire frémir la nature ; ils étaient littéralement ivres du punch de la veille.

XXII

UNE SOUPE CHEZ LES BUVEURS D'EAU.

Les buveurs d'eau étaient donc, comme il a été dit plus haut, une société de jeunes artistes constituée en vue de résister à la misère par un effort commun.

Le poète Léon Noël était le président, j'allais dire le père abbé de ce couvent d'ascète laïque. Les frères avaient noms, Murger, Tabar, Guilbert, Villain, et Vastine (un ancien imprimeur lithographe devenu peintre ;) les Desbrosses (surnommé le « Christ » et « le Gothique »), l'un faisant de la sculpture, l'autre de la peinture ; le sculpteur Cabot et le paysagiste Chintreuil.

Cette société n'était pas rigoureusement fermée ;

les profanes pouvaient assister aux réunions qu'elle tenait pour la propagation de la foi artistique.

Vous allez voir si j'y fus bien reçu un matin à l'heure du déjeuner.

C'était un jour de diète forcée ; on n'avait pas dîné la veille. Sans être comme mes amis, je ne m'en trouvais pas moins à fond de cale. Le parti que je pris fut d'aller manger le fricot de la famille, comptant bien donner un petit coup de pioche dans le terrain argentifère de la rue-aux-Ours. Mais je n'osai rien demander, ne trouvant ni mon père ni ma mère d'humeur assez accommodante.

Cependant, profitant des allées et venues de ma grand'mère, sévère personne qui avait la charge économique du ménage, je parvins à m'emparer d'une demi-livre de graisse, que j'enveloppai dans un papier et mis dans ma poche sans souci des taches. Je fis provision aussi de sel, de poivre et de quelques oignons ; que de précautions et d'adresse de *pick-pocket* il me fallut pour échapper à son œil vigilant !

Mon larcin commis, je m'empressai de déguerpir. Ayant sur moi cinquante centimes, j'entrai bravement chez le père Martin, notre boulanger. Le père Martin se montra compatissant et magnifique en apprenant qu'il s'agissait d'un repas d'artistes en trop bel appétit ; il ne voulut pas entendre parler d'argent pour le pain qu'il me donna.

D'un trait je partis pour la rue du Cherche-midi où m'attendaient ces rêveurs affamés. Pourtant je m'arrêtai en route chez cinq charcutiers différents demandant à chacun « deux sous de fromage d'Italie », l'expérience m'ayant appris qu'on est mieux servi en détail qu'en gros.

Mes amis n'allant que rarement à la campagne, avaient pris l'habitude de vivre autant que possible sur les toits. Ils étaient donc perchés sur la maison des frères Desbrosses, lorsqu'ils m'aperçurent au bout de la rue du Cherche-midi tenant mon pain sous le bras. Aux signaux de détresse qu'ils me firent, je répondis par ce cri que je lançai du trottoir :

— Y a une soupe !...

Alors, ils regagnèrent la fenêtre de la mansarde comme des lapins effarés qui rentrent au terrier.

J'avais eu à peine le temps de gravir les six étages par deux marches à la fois, que déjà les débris d'un vieux tabouret flambaient dans le foyer. La grande poêle était apprêtée. En un tour de main la soupe fut faite et servie. Quelle joie ! mais surtout quelle jubilation intense lorsque je sortis de ma poche cette surprise inattendue, les cinq petits paquets de fromage d'Italie... Il n'y eut pour refroidir un instant l'enthousiasme que la vue des cinq morceaux de papier servant de vaisselle à ce plat inespéré, et qui étaient tous des avertissements *avec frais* émanant de l'administration des contributions directes.

En guise d'anecdote de dessert, je racontai la belle conduite qu'avait tenue le sieur Martin, boulanger à Paris. L'émotion fut générale ; et l'on but à la santé de cet ami des arts plusieurs verres... de ce que vous savez !

En quittant mes camarades, je leur demandais comment il se faisait qu'ils avaient quitté le toit de Lazare, rue d'Enfer, pour un toit de la rue du Cherche-midi ?

— Tiens, répondit Murger, l'eau est meilleure dans ce quartier ci ; nous y buvons du cru d'Arcueil.

XXIII

LE CABINET DE LECTURE DES PIEDS HUMIDES

De temps à autre, et surtout quand il faisait beau, la force de l'habitude m'entraînait dans mon ancien quartier Saint-Paul. J'aimais à y retrouver un homme, à qui je devais un supplément d'éducation. Ce n'était pas, si vous voulez, un professeur, mais un vieux bouquiniste qui tenait son étalage sur les parapets du pont Marie et du quai des Ormes. Que de longues et bonnes heures passées sur ce quai quand le temps le permettait ! Je m'y saturais des auteurs anciens et modernes ; j'encourageais même d'un regard quelques infortunés ouvrages de récente publication qui, n'ayant pas trouvé d'acheteurs, arrivaient là en solde, et par paquets. Hélas !

si jamais les souvenirs de Schaunard sont publiés, c'est peut-être cette disgrâce qui leur est réservée !...

Mais ne nous attardons point à d'aussi sombres pressentiments.

Industrie toute spéciale à mon marchand de rossignols littéraires, il donnait à lire aux passants moyennant un sou la séance, et fournissait la chaise, à moins que le client, pour avoir plus frais, ne préférât s'asseoir sur la pierre du parapet.

D'après ce que m'a dit mon homme, il n'avait jamais fait crédit qu'à un seul lecteur par compassion pour sa mine maladive : c'était à Hégésippe Moreau. Le triste et doux poète a passé bien des journées dans cette bibliothèque en plein vent, surtout à l'époque où il attendait que les ombres du soir servissent à masquer sa retraite dans les bateaux de charbon où il prenait son sommeil.

Les livres les plus recherchés des amateurs n'étaient pas les classiques, mais bien ceux qui contenaient des histoires de voleurs ou de revenants. Ils m'intéressaient aussi, je dois le dire, par leurs images d'une naïveté bouffonne. Je vois encore ce frontispice : à gauche un monastère en ruine ; à droite une croix de pierre ; et au milieu, sous un ciel sillonné d'éclairs, un Fra-Diavolo entraînant une jeune femme qui se tord les bras ; au-dessous on lisait cette phrase, que le brigand est censé prononcer : « *Apprends que l'âme de Sacripanti est inaccessible à la frayeur !* »

Et cet autre : l'intérieur d'une caverne. Toujours Fra-Diavolo entouré de sa bande ; à ses pieds, un homme terrassé qu'il maintient de sa puissante main gauche, tandis que de la droite, armée d'un poignard, il le menace. La légende disait laconiquement : « *Apprends que j'adore Zamba !* »

Encore une image, si vous le voulez bien : celle-là représentait une femme marchant sur les deux mains ; et ce qui est peut-être une infraction aux lois de la pesanteur, c'est que ses jupons lui restaient collés le long des jambes ! Il est vrai que cette estampe datant du Directoire, le costume athénien dessinait suffisamment les formes de l'acrobate, et qu'ainsi les précautions pudibondes du dessinateur devenaient inutiles.

Dans le fond on voyait une galerie de spectateurs, appartenant aux classes sérieuses de la société, tels que généraux, magistrats, membre du Conseil des Anciens ou du conseil des Cinq-Cents, et bourgeois divers à ventre d'acajou. Et vous ne devineriez jamais ce qui était écrit sous le dessin... en voici le texte que je donne garanti conforme à l'original : « *Adorons l'Eternel qui d'un mot créa le papillon volage !* » Quant au livre lui-même, il n'avait aucun rapport avec ce papillon volage puisque c'était le célèbre *Traité des accords et de leur succession, selon le système de la basse fondamentale, pour servir de principes d'harmonie à ceux qui étudient l'accompagnement du clavecin*, par l'abbé Roussier.

Plusieurs fois j'avais voulu régaler Murger d'une séance de lecture dans ce cabinet des pieds humides, mais il repoussait toujours mes avances, car les gens de plume, timides à leur façon, n'ont jamais pris l'habitude de travailler en public et dehors comme les peintres. Un jour que, passant sur le quai des Ormes, il refusait encore une fois ma politesse d'un sou, je le plaisantai sur ses pudeurs aristocratiques.

— Tiens, lui dis-je, tu es un millionnaire manqué ; et, lui montrant l'Hôtel Lambert, situé dans l'Ile Saint-Louis, j'ajoutai : Voilà où tu devrais aller travailler. Il doit y avoir dans ce palais une bibliothèque bien fournie, avec tout ce qu'il faut pour écrire.

— Mais j'y songe, répondit-il.

— Méfie-toi, tu as des tendances à l'opulence, et cela pourrait t'embarrasser le cerveau... Il y a, à Charenton, une salle spéciale pour ce genre de folie.

Il me quitta en faisant des gestes à la façon de Grassot. Mon bouquiniste, allant et venant, saisissait quelques bribes de notre conversation ; il n'aimait probablement pas que l'on eût l'air de mépriser sa *maison*.

— Que fait-il donc, votre ami ? me demanda-t-il, il a l'air bien fier.

— C'est le secrétaire d'un grand seigneur.

— Bah ! puisqu'il est si grand que ça ce seigneur, il devrait bien lui payer un autre chapeau.

— Mais ce chapeau est en vrai castor.

— Du castor... de France ?

— Mais non, de Bohême. Vous n'y connaissez rien.

XXIV

LES CAFÉS DU QUARTIER LATIN

Croiriez-vous que dans ce temps-là, non seulement au quartier Latin, mais dans tout Paris, on n'allait guère au café que pour prendre du café ? La bière n'était connue que comme une boisson bizarre et accidentelle, qui n'était pas plus demandée qu'aujourd'hui le vespétro et le brou-de-noix. Cette curiosité gastronomique se servait avec des échaudés, quelquefois avec des brioches ou des nougats. De choucroute point ; les estomacs impatients de l'heure du dîner se réconfortaient avec un riz au gras ou un riz au maigre. Quant aux liqueurs apéritives ou prétendues telles, on n'en voyait que bien rarement sur les tables ; elles étaient considérées comme des sortes de potions, à l'usage des tempéraments débilités par un séjour en Afrique. Le punch et le bischof étaient à la mode pour la seconde partie de la soirée.

La pipe, que la cigarette remplace aujourd'hui, était fort en honneur ; les étudiants en faisaient même un complément de leur costume et lorsqu'ils ne l'avaient pas à la bouche, ils la mettaient à leur boutonnière, comme la fleur des champs dont parle Béranger dans sa chanson du *Vieil habit*.

Nous allions de préférence à la Rotonde, située non au Palais-Royal, mais au coin occidental des rues Hautefeuille et de l'Ecole de Médecine. Quand je dis « nous, » j'entends Murger et tous ceux qui se groupaient volontiers autour de lui, posant à leur insu pour les personnages du livre qu'il devait écrire. Il est même bon qu'on le sache, nous n'avons jamais vécu comme les buveurs d'eau en cénacle constitué et réglementé. Nous nous voyions souvent, et voilà tout.

C'était tous les soirs la même scène à ce café de la rotonde, une vraie scène de vie de bohême.

Le premier arrivé, sur la demande du garçon : « Que faut-il servir à monsieur ? » ne manquait pas de répondre : « Rien pour le moment, j'attends un ami. » L'ami arrivait, qui était assailli par cette brutale question : « As-tu de l'argent ? » Il faisait un geste négatif et désespéré, puis, disait assez haut

pour être entendu de la dame du comptoir : « Ma foi ! non, figure-toi que j'ai oublié ma bourse sur le marbre de ma console à pieds dorés, du plus pur style Louis XV. Ah ! ce que c'est d'être distrait ! »
Il s'asseyait, et le garçon essuyait la table pour avoir l'air d'être utile à quelque chose.

Un troisième arrivait qui, quelquefois, était en état de répondre à notre monotone questionnaire :

— Parbleu, oui, j'ai dix sous.

— C'est bien, reprenions-nous, demande un Gloria, un verre et une carafe ; paye et donne 2 sous au garçon pour acheter son silence.

Ainsi faisait-il. D'autres venaient prendre place à côté de nous, et répétaient au garçon le même refrain : « Nous sommes avec monsieur. » Souvent nous étions huit ou neuf à la même table, et un seul de ces consommateurs consommait. En fumant, en lisant les feuilles, nous nous repassions cependant le verre et la carafe. Lorsque l'eau commençait à manquer comme sur un navire en détresse, un de nous avait le front de crier : « Garçon, de l'eau ! »

Le maître de l'établissement, qui comprenait notre situation, donnait sans doute des ordres pour que l'on nous laissât tranquilles. Il a donc fait fortune sans nous. Du reste, c'était un brave homme, et de plus un homme intelligent ; il avait abonné sa maison à toutes les revues scientifiques de l'Europe, ce qui lui attirait la clientèle d'étudiants de langues variées, tels qu'italiens, russes, suédois, etc.

Etaient présents d'ordinaire à ces médiocres agapes, Murger, Léon Noël, Karol, Pifremann, Ganidel, Berger, Bazin, Privat d'Anglemont.

Bazin, dont je n'ai pas encore parlé, a eu une vie aventureuse et qui a fini d'une façon tragique. Nous l'appelions « Piéçard » pour exprimer, par ironie, la constante absence de toute pièce de monnaie dans ses poches.

C'était un garçon bien tourné de sa personne, parlant avec facilité, et que les femmes adoraient. Le plus beau talent que je lui ai connu, était celui de joueur de billard ; il tripotait aussi pas trop mal le clavier d'un piano, et faisait de la peinture pour vivre. Nous avons exécuté en collaboration, lui et moi, un portrait-charge de Bullier. Cette lithographie, qui a eu un succès de vente, représentait le directeur du Prado sur un tambour de basque traîné par les habitués les plus connus de son bal.

Le dernier métier de Bazin a été celui de comédien. Il y a une vingtaine d'années, vous avez pu lire son nom sur les affiches des Variétés. Son emploi était celui de jeune premier.

Qu'était devenu Piéçard depuis qu'on n'entendait plus parler de lui dans le monde théâtral ?..... Vers 1872, je rencontrai un tailleur de la rue Racine, dont le père avait eu vingt-cinq ans auparavant la rare occasion d'ajuster, sur mes formes, un élégant costume. Il me demanda si j'avais eu connaissance de la fin de Bazin ; il ajouta qu'il avait fait de sérieuses recherches, ayant un grand intérêt à être renseigné sur son compte. Voici ce qu'il m'apprit ;

La guerre étant venue apporter de terribles complications dans son existence déjà difficile, le jeune premier Bazin dut se faire garde national à trente sous par jour. Il continua son service sous la Commune, et devint même officier payeur (lui Piéçard !) C'est dans l'exercice de cette fonction qu'il fut pris au square du Temple, et fusillé.

Parmi ceux qui venaient goûter à notre carafe, mais d'une façon irrégulière, se trouvaient aussi Cramusot et Bresdin dit « Chien-Caillou. »

Cramusot était un poète de l'espèce solennelle et pleurarde. Le tic par lequel il se distinguait était assez insupportable, bien qu'innocent. Sans s'en s'en douter le moins du monde, et à tout propos, il se saisissait le nez à pleines mains, pendant qu'avec sa bouche il imitait le bruit que fait une gouttière par les giboulées de mars. Sa mort fut une véritable ironie du sort : ce pauvre garçon, qui s'était presque déshabitué de manger, fit un jour un héritage de douze cents francs de rente. Il périt étouffé par un frugal dîner qui était relativement pour lui une orgie.

Chien-Caillou (de son vrai nom Bresdin) venait de temps à autre à la Rotonde pour essayer de vendre ses eaux-fortes à de riches étudiants. Mais ceux-ci étaient généralement récalcitrants. Il faut bien le dire, Bresdin était assez maladroit dans son art, et voulait faire passer ses maladresses pour de l'originalité. Il n'avait guère plus conscience des proportions de la figure humaine que les tailleurs d'images du moyen âge. Sa montre, qui devait être au mont de piété, retardait de cinq cents ans. Toute son éducation artistique s'était faite chez son père qui était chaudronnier, et dont il gâtait les casseroles en y gravant des arabesques. A la longue cependant, il avait acquis une certaine habitude de la pointe sèche, et ses épreuves peuvent encore être recherchées par les amateurs de l'art naïf. Sans la charmante nouvelle que Champfleury lui a consacrée, et qui du même coup assura la réputation de l'homme de lettres et de l'aqua-fortiste, depuis de longues années il ne serait plus question de Chien-Caillou.

Le café de Fleurus, situé entre le théâtre Bobino et le jardin du Luxembourg ne contenait pas précisément une galerie d'originaux méritant description. Il était fréquenté par des peintres travailleurs et réguliers dans leurs mœurs, telles que MM. Gérôme, Hamon, Achard, Bonvin, Nazon Lambert, (dit Lambert-chat) etc...

C'est là que je fis la connaissance d'Isnard le décorateur. Ce décorateur m'a admis une fois à collaborer avec lui ; nous avons peint ensemble, pour le théâtre du Panthéon, la devanture d'une boutique de pharmacien. Ce fut la seule occasion que j'eus jamais de prouver par la détrempe que M. Léon Cogniet m'avait appris quelques petites choses.

Un café sérieux entre tous, c'était le café Tabourcy situé dans le voisinage de l'Odéon et qu'on pourrait appeler l'Odéon des cafés. A ses tables en effet se réunissaient les poètes joués et même refusés par la direction du second Théâtre-Français. On y voyait, en ce temps là, Ponsard et les principaux adeptes de l'école du bon sens protestant contre le romantisme déjà en désarroi ; puis et comme pour le contraste, Théodore de Banville, Barbey d'Aurevilly et autres poètes du genre flamboyant. Là on fumait dans une salle réservée. Quantité de gens connus ou inconnus, écrivaient fiévreusement des lettres qu'ils déposaient ensuite chez le concierge du théâtre voisin ; on devine le contenu de ces missives éplorées réclamant soit une audition, soit la réception d'une pièce en souffrance, voire encore deux fauteuils d'orchestre. Un des signes distinctifs de la maison, dont le café occupait le rez-de-chaussée, était que Jules Janin en habitait le dernier étage. On le savait du reste dans le quartier par le bruit que faisait le perroquet du critique des *Débats*. Ce Kakatoès se croyait obligé d'annoncer les changements de temps, comme aujourd'hui le pessimiste bureau météorologique de New-York ; et alors, pour donner l'alarme dans les parages du Luxembourg, il s'égosillait à réciter par bribes, le dernier feuilleton de son maître.

Je vois encore sur la place de l'Ecole de Médecine, et contigu à la clinique, le café préféré des noctambules qui en effet y trouvaient encore à boire, une fois les volets fermés. Il s'intitulait la Taverne, tout court. Est-ce parce qu'il était habile à prolonger les heures de commerce passé minuit que son propriétaire a fait fortune ? ; Non, c'est parce que cet industriel avait les aptitudes d'un banquier. Il possédait à un rare degré l'art de faire crédit ; bien renseigné sur ses clients, il avait coté chacun d'eux au chiffre pour lequel il pouvait lui ouvrir un compte. Lorsqu'il s'est retiré très satisfait de l'état de ses affaires, on lui devait la somme ronde de douze cent mille francs ! Moyennant les billets qu'il s'était fait signer et qu'il sut présenter en temps opportun à ses consommateurs devenus magistrats ou médecins, il ne perdit pas un centime. Je crois même qu'il avait fait là un excellent placement à intérêts composés. Notons que son établissement fut le premier du quartier à avoir des billards sans blouses, comme ils le sont tous aujourd'hui.

A cette taverne de la place de l'Ecole de Médecine, on rencontrait surtout des étudiants Franc-comtois, de même qu'au café Jules César de la rue de la Harpe les Bretons dominaient. Quand j'entrais dans ce dernier lieu de plaisir, je croyais toujours que la porte mal graissée rendait des sons de bigniou.

Du reste on peut dire qu'à cette époque il n'était guère de province qui n'eut *son* café.

Les Auvergnats mangeaient chez la mère Dusardier, rue Monsieur le Prince ;

Les Vendéens se donnaient rendez-vous dans une autre maison de cette même rue.

La mère Giraud donnait à dîner pour quinze sous, rue des Cordiers. Sa clientèle était composée d'étudiantes qui étudiaient les étudiants pour toute étude.

Au café Soufflet, (que nous appelions familièrement « la giffle »), et qui se trouvait à l'angle des rues Racine et de l'Ecole de Médecine, s'assemblaient volontiers les polytechniciens, à moins qu'ils ne descendissent jusqu'à l'estaminet hollandais où, le dimanche, ils allaient fraterniser avec les saints-cyriens.

Le restaurant champêtre de la mère Cadet (79 et 81 Avenue du Maine) a droit à une mention dans ce chapitre. C'est en effet, sous les acacias de son jardinet, que Murger fait se rencontrer Colline et Schaunard. Vous vous souvenez de la scène ; et de la gibelotte de lapin bicéphale ; et de la cantatrice du théâtre Montparnasse, qui avant de chanter *Lucie de Lammermoor*, fait mariner son *la* dans deux sous de vinaigre? Nous dînions assez souvent chez la mère Cadet, l'été, lorsque nos capitaux ne nous permettaient pas de pousser jusqu'aux riches campagnes de Seine-et-Oise.

Par tolérance spéciale de ses chefs, le père Pruche, concierge de l'avenue du Luxembourg, débitait dans sa loge quelques verres de liqueurs multicolores. Ce cerbère matiné de Bacchus avait surtout pour clients, des fanatiques du jeu de piquet. Je fus mené chez lui par Traviés, le caricaturiste, qui eut son heure de célébrité par sa création de Mayeux. C'est peut-être à sa fréquentation que le fils Pruche dut de s'être jeté dans la lithographie et le dessin humoristique.

Ma nomenclature serait incomplète si je n'y faisais entrer le café de l'Europe, situé au carrefour de l'Odéon, et qui a disparu pour livrer passage au boulevard Saint-Germain. Je m'y rendais parfois le soir, pour le plaisir de causer musique avec Auguste Vitu, ou bien pour l'entendre me raconter les trouvailles archéologiques qu'il venait de faire dans le vieux Paris. Du reste, le futur critique du Figaro, plus sérieux et plus régulier que nous dans sa manière de vivre, eut été difficile à rencontrer chez Momus ou chez Jules César.

A notre table s'asseyait souvent le chansonnier lyonnais Pierre Dupont et un fantaisiste nommé Champin. Champin n'était remarquable, au physique,

que par des moustaches d'un touffu phénoménal ; du reste c'était un garçon fort délié d'esprit et bien avisé en toutes choses. Il sut profiter de la révolution de 1848 pour se faire donner la sous-préfecture de Baume-les-Dames. J'ai eu la curiosité de suivre sa trace à travers l'*Annuaire national*, puis, *impérial* ; je l'ai retrouvé dans le tome 1870 avec cette mention : « chevalier de la Légion d'honneur et secrétaire général de l'Aisne ».

Ce fut là aussi que je dus faire la connaissance d'un étudiant en droit dont la destinée fut assez singulière. Il s'appelait Barthélemy et était natif d'Angers. Après s'être fait inscrire au barreau de Lyon en 1848, il jeta sa robe aux orties, et partit pour la Californie. Plusieurs années après il revint à Paris ne possédant pour toute fortune qu'une brosse à dents, mais la tête pleine de l'illusion qu'il était tragédien. Barthélemy en effet a débuté à l'Odéon dans le Cid au printemps de 1856, avec Jeanne Esler qui faisait Chimène. Il avait dès la veille envoyé à dix mille personnes notables une circulaire dans laquelle il leur annonçait qu'il allait « régénérer la tragédie ». Disons que la tragédie ne fut pas régénérée ce soir là ; son apôtre, n'ayant pas été engagé par la direction du théâtre, eut le courage vraiment rare de prendre à trente-cinq ans, sa première inscription de médecine. A quarante ans, il était docteur et prenait en cette qualité du service dans la marine. Cet avocat, ce mineur californien, cet acteur, ce chirurgien, est mort en 1870 des suites d'une insolation qui l'avait frappé dans le Bosphore.

Je ne voudrais pas passer sous silence, non plus, un établissement singulier qui, situé rue de la Gaieté au quartier Montparnasse, faisait concurrence au bal de la Chaumière. C'était à la fois un café et un restaurant, connu alors sous le nom de Prado d'été ; on y dansait les dimanches, lundis et jeudis. Ce qui pouvait cependant refroidir les habitués de cette maison de plaisir, c'est que les fenêtres du premier étage en donnaient sur le cimetière du Sud. Le Prado d'été, un instant régi par le père Bullier, n'a pas eu de longues années d'existence et de prospérité. Les étudiants et les artistes le désertèrent bientôt, car ils étaient trop souvent obligés, à la sortie, d'engager des batailles avec les mauvais drôles de cette banlieue mal habitée.

J'ai gardé pour la fin (quel dessert) un bouge fondé par Gustave, ancien garçon de service du Prado. Ce n'était ni un café, ni une taverne, ni un restaurant, ni un hôtel, ni un liquoriste..... C'était « Gustave. » La maison de Gustave était située rue de la Harpe, appuyée aux Thermes de Julien. Il fallait monter au second étage pour trouver la cour de dégagement, laquelle s'étendait sur la voûte du monument romain. Quelques étudiants riches qui fréquentaient ce taudis faisaient venir leur nourriture de chez le restaurateur Janodet, qui tenait ses opulentes cuisines deux portes plus haut dans la rue. On racontait, mais faut-il le croire ? que d'aucuns y avaient laissé leur fortune. Ce n'était toujours pas le cas du « philosophe ardoise »..... dont il va être question au chapitre suivant.

XXV

LE PHILOSOPHE ARDOISE

C'était un bohême excentrique et pittoresque, mais d'un aspect lamentable, comme on n'en voit plus aujourd'hui. Son sobriquet, qui était le seul nom sous lequel on l'eut jamais connu, lui venait de ce qu'il habitait dans le voisinage le plus immédiat des toits.

Ce pauvre hère vivait de quelques leçons de mathématiques qu'il donnait aux étudiants les moins capables de le payer. Ancien pion, il était donc passé professeur. Ses accoutrements étaient piteux. En toutes saisons il portait un habit à basques démesurées, dont les manches s'efforçaient sans y parvenir de descendre jusqu'aux poignets. Son pantalon du même drap, si c'en était, avait autant de peine à rejoindre les souliers à semelles feuilletées dont il se chaussait. Je crois que pour tout linge il n'avait que sa cravate qui, par l'intention du moins, était blanche. Quant à son chapeau de très haute forme, les intempéries annoncées par le perroquet de Jules Janin l'avaient fait passer du noir au brun chocolat.

Mais voyez si les voleurs de ce temps là, et avant que tout n'eût renchéri, n'étaient pas des gens modestes dans leurs ambitions. Un soir, chez Gustave, le philosophe ardoise nous raconta que la veille, vers minuit et par un épais brouillard, trois individus embusqués rue des Postes s'étaient précipités sur lui en récitant cette phrase si connue : « La bourse ou la vie ! »

Cette attaque était flatteuse au fond ; il y répondit par un éclat de rire, puis il tendit les bras, et rapprocha les jambes comme un Christ en croix, afin de bien montrer qu'il n'opposerait aucune résistance à la visite des poches.

— Eh ! eh ! les amis, dit-il, vous m'obligeriez en m'indiquant l'usage qu'on peut faire d'une bourse ; quant à la vie, *to be or not to be*, c'est pour moi la même chose.

A cette réponse bon enfant, les voleurs plus mal élevés que l'élégant Zampa et le muscadin Fra Diavolo, ne lui répliquèrent que par un de ces coups de pieds, comme il en pleut sur Pierrot dans la pantomime.

Ardoise n'ayant pour toute arme que sa philosophie, haussa les épaules qui pourtant n'avaient pas reçu le coup de pied, et lança aux ombres des voleurs qui s'en allaient quelques-unes de ces épithètes dont le cathéchisme poissard donne la liste si complète. Le bruit fit sortir de l'impasse des Vignes quatre hommes qu'on n'avait pas encore vus, et qui l'appréhendèrent au corps avec ces paroles d'un autre style.

— Vous, suivez-nous !....Allons, marchons et plus vite que ça !

Traîné plutôt que conduit au poste par ces gens de police, il n'eut pas même à s'expliquer devant l'officier. Celui-ci qui était encore dans un demi sommeil, se contenta de dire :

— Fichez moi ça au violon ; *ça* racontera demain son affaire à Monsieur le Commissaire.

Quelle nuit, quel colloque répugnant avec des pochards dans une prison qui semble destinée à être cellulaire par ses dimensions exigues ! Aussi pourquoi rentrer chez soi à de pareilles heures, pourquoi s'attarder au café à dire des riens avec le poète Cramusot ? Du reste il est à remarquer que ceux qui n'ont pas le moyen d'appartenir en ce monde à la classe des volés, excitent une défiance général parce qu'ils sont faits comme des voleurs.

Le commissaire, lui-même, fut trompé tout d'abord par l'aspect minable du pauvre professeur ; mais il le relacha bientôt sur les renseignement qu'il envoya prendre.

La façon exaltée dont un soir, chez Gustave, notre philosophe nous racontait sa mésaventure n'était, m'a dit depuis le docteur Berger, que le prodrome de la maladie qui devait l'emporter. Il donnait d'ailleurs bien d'autres signes du trouble qui régnait dans son cerveau. Ainsi, armé constamment d'un crayon, il illustrait, de formules algébriques ou de figures de géométrie, tous les objets qui lui tombaient sous la main ; les manchettes empesées de ses amis portaient la trace de cette manie ; il n'était pas jusqu'à la coiffe de son chapeau sur laquelle on ne pût se convaincre que le carré, construit sur l'hypothénuse d'un triangle rectangle, est égal à la somme des carrés construit sur les deux autres côtés.

Un jour il tomba malade et fit appeler Berger ; mais c'était.... pour l'étrangler ! Car il prétendait que le docteur avait empoisonné le papier de tenture de sa chambre.

Conduit à Bicêtre et de là dans un hospice du midi, le philosophe ardoise ne tarda pas à mourir.

XXVI

LES THÉATRES DE LA RIVE GAUCHE IL Y A QUARANTE ANS

C'est une singularité dans les mœurs parisiennes : les habitants de la rive gauche ont toujours montré peu de goût pour l'art dramatique. A six cent mille qu'ils sont, ils n'ont jamais pu faire vivre plus de deux ou trois théâtres.

Au temps de Rodolphe et de Colline, de Marcel et de Schaunard, le Quartier Latin avait l'Odéon, puis deux petits tréteaux : le Panthéon et le Luxembourg. Je n'ai pas de mal à dire de l'Odéon, car j'y ai eu mes entrées ; il est vrai, je les avais payées par l'envoi d'un tableau au musée installé par la direction Bocage dans le foyer. C'était « une nature morte », et mes amis y voulaient voir une allusion au manque de vitalité que l'on reprochait alors à la Thalie et à la Melpomène du lieu. Ah ! dam ! j'étais bien écrasé par le voisinage de ceux que je n'ose appeler mes confrères. Eugène Delacroix avait là son *Hamlet au spectre ;* Chasseriau son *Apollon et Daphné ;* Adolphe Leleux sa *Chaumière ;* les autres exposants s'appelaient Corot, Charlet, Diaz, Th. Rousseau, Isabey, L. Boulanger, C. Roqueplan, Bonvin..... Il n'est pas jusqu'à Théophile Gautier qui n'ait envoyé une Pandore, probablement peinte entre deux feuilletons , (et que Jules Janin ne se gêna pas pour qualifier de *Déesse Torticoli*).

Malgré tout ce pauvre Odéon était, il y a quarante ans, le point de mire de tous les sarcasmes. Les caricatures du Charivari, les *lazzi* des petits journeaux, avaient d'abord établi, et une fois pour toutes, qu'il était situé dans une région reculée et déserte, inaccessible à l'homme. Si bien que, pour n'y pas aller les personnes demeurant dans la rue de Vaugirard, voire même dans celle de l'Odéon, en étaient venues à donner ce prétexte, qui avait force de proverbe : « C'est trop loin ! »

Le prix des places n'avait rien de répulsif : 1 fr. au parterre, 2 fr. 50 à l'orchestre... Les étudiants, généralement peu fournis d'argent, se laissaient parfois tenter par ce tarif. Alors ils arrivaient en masse, obéissant à je ne sais quel mot d'ordre ; mais le plus souvent c'était pour faire *au train*. Ces soirs là il tombait toujours quelque chose sur la scène, des pelures d'oranges, des sous, des pois fulminants.... Puis, lorsque c'était une année à hannetons, le bourdonnement de ces insectes autour du lustre accompagnait celui de la tragédie.

Pourtant il y avait quelques talents dans la troupe, parmi lesquels, Bocage, Rouvière, Maubant, Monrose fils, Harville et Mme Dorval... Je ne vous parle encore là que des interprètes de la *Lucrèce* de Ponsard (1843). Plus tard vinrent : Clément-Just, Randoux, Montjauze (le futur ténor du Théâtre-Lyrique), Arnault (qui en 1855 fit représenter, à la Gaité, le drame militaire des *Cosaques*), Alex. Mauzin (le créateur du rôle de Don César de Bazan, dans *Ruy-Blas*, à la Renaissance), Blaisot, Vannoy, Delaunay (dont la carrière devait être si brillante à la Comédie Française et qui alors était engagé à cent francs par mois..) Dans le personnel féminin, on distinguait les noms de Mmes Araldi, Bonval, Moreau-Sainti, Marthe, etc...

La liste des pièces que j'ai vues à l'Odéon, pour profiter de mes entrées, serait fastidieuse, si je la donnais complète ; j'en citerai pourtant quelques unes, dont, fort à propos, je retrouve les titres sur un carnet.

C'est d'abord *L'esprit chagrin*, prologue en vers écrit en 1845 par Théophile Gautier, pour la réouverture du théâtre, sous la direction Bocage. On y remarquait ce fragment de dialogue :

L'ESPRIT CHAGRIN

L'Odéon qui ne peut ni vivre ni mourir,
N'est jamais plus fermé que lorsqu'il vient d'ouvrir.

LE DIRECTEUR

On a fait là-dessus mille plaisanteries,
Je le sais... Il poussait de l'herbe aux galeries ;
Dix-sept variétés de champignons malsains
Dans les loges tigraient la mousse des coussins
Une flore complète ; et plus d'un journaliste
Malicieusement en publia la liste.
Les ours du pôle arctique et les ours des cartons
Dans cet autre Spitzberg avaient pris leurs cantons
Et par eux fut mangé le claqueur solitaire,
Hivernant dans la neige au milieu du parterre !
Trouvant l'endroit propice à des repas de corps,
Près des acteurs les rats grignotaient les décors.
Les poêles se chauffaient au moyen de veilleuses,
Simulacres de feux, lueurs fallacieuses.
L'abandon tamisait la pousière partout :
Des fils tombaient du ciel une araignée au bout,
Et, terreur du pompier, le long des couloirs sombres
Des directeurs défunts se promenaient les ombres !
Suis-je bien informé ? du moins si je me perds,
Je plonge dans le gouffre avec les yeux ouverts.

L'ESPRIT CHAGRIN

Votre salle remplie, il vous faut une troupe
Des acteurs.

LE DIRECTEUR

J'en ai trop, voyez plutôt ce groupe,

L'ESPRIT CHAGRIN

Comment s'appellent-ils ?

LE DIRECTEUR

Ils ne s'appellent pas !
Sur le char de Thepsis ils font leurs premiers pas.
Si les noms sont obscurs, ils les feront connaître.
Attendons, nul ne fut célèbre avant de naître,
D'autres ont le passé, nous avons l'avenir,
Le temps coule, et l'espoir vaut bien le souvenir.
Qui sait ? dans cette troupe encore timide et gauche,
Peut-être des Talma sont à l'état d'ébauche !

Comme on le voit l'Odéon, en faisant chorus avec ses persiffleurs, acceptait galamment les lardons qu'il recevait d'eux.

J'aperçois encore sur mon carnet : *Diogène*, drame politique en six actes de Félix Pyat (dont une parodie fut donnée quelques jours plus tard à Bobino); l'*Alcade de Zaléma*, de Samson (l'acteur auteur) et de J. de Wailly ; *Un Bourgeois de Rome*, d'Octave Feuillet et Paul Boccage (c'était une des premières pièces d'Octave Feuillet qui, je crois, avait débuté quelque temps auparavant par un petit vaudeville donné au Palais-Royal) ; *Echec et Mat*, des mêmes auteurs ; *L'univers et la Maison* de Méry ; le *Dernier banquet de* 1847, revue en vers de Camille Doucet ; *Amour et Bergerie*, comédie en vers de Jules Barbier ; *La fille d'Eschyle*, étude antique par Autran, avec musique d'Auguste Morel ; *La Reine d'Espagne* de H. Delatouche, (pièce empruntée à la Comédie Française, où, en 1831, elle avait été représentée au milieu d'un désordre inouï et tel qu'elle suscita au gouvernement l'idée de rétablir la censure) ; etc....

Mais, je n'insisterai pas davantage sur l'Odéon.

Avant les grandes démolitions on rencontrait sur la droite de la rue Saint-Jacques, et à peu près à la hauteur du Collège de France, une entrée de voûte conduisant à la rue de la Sorbonne. C'était le passage Saint-Benoît, pratiqué à travers les bâtiments d'une abbaye supprimée sous la Révolution. Lorsqu'on y avait fait une quinzaine de pas, on trouvait sur sa gauche, et donnant sur une petite place ou cour intérieure, les murs d'une ancienne église dans lesquels avait été construit, en 1832, le théâtre du Panthéon. Les pièces qu'on a jouées sur cette scène (fermée vers 1848) appartiennent à la plus médiocre littérature. C'est à peine si les journaux spéciaux, d'ordinaire peu dédaigneux, en signalent les titres. Je me souviens de ceux-ci uniquement parce que j'ai demeuré dans le voisinage du théâtre : *Le pauvre de Saint-Roch, Une Femme en tombola, La belle Bourbonnaise, Le soldat Laboureur* (reprise), *Le Théâtre et ma Femme....* Quant à la grande critique, elle a toujours affecté le plus fier, le plus complet mutisme sur ce répertoire et sur les comédiens qui l'interprétaient. Les historiens de l'art dramatique auront une peine infinie à reconstituer les annales d'un théâtre, qui, bien qu'ayant vécu à l'époque où l'on imprimait tant de papiers, est demeuré aussi mystérieux que s'il avait daté du moyen âge. Ils auront pourtant à noter que Lesueur y fit ses débuts, Lesueur, le grand comédien du Gymnase.

Maintenant, voulez-vous que nous allions faire un tour au Théâtre du Luxembourg, autrement dit Bobino.

Comme ce théâtre est aujourd'hui en partie démoli, je crois devoir rappeler qu'il occupait le coin nord-est du carrefour formé par les rues de Madame et de Fleurus.

Son sobriquet de Bobino, sous lequel il était plus généralement connu, lui vint d'un danseur forain, qui l'avait inauguré et dirigé vers 1820. On ne commença à y jouer la comédie qu'après la révolution de juillet.

Jusque vers l'année 1860, c'est à dire jusqu'au moment des revues de Saint-Agnan Choler, qu'il fut de mode d'aller voir de tous les points de Paris, le répertoire de Bobino ne fut guère composé que de pièces empruntées aux grands théâtres. C'étaient des drames tels que : *Cœlina, Il y a seize ans, Pauvre mère, Jacques Maugras....* ; ou bien des vaudevilles qui s'appelaient *Le Commis et la Grisette*, l'*Ange dans le monde*, la *Somnambule*, les *Couturières*, etc...

Nombre de comédiens, qui dans la suite se sont fait une réputation sur des théâtres plus sérieux, ont débuté au Luxembourg. Je citerai : Dupuis (des Variétés) ; Charly, l'acteur de drame ; Serres, qui s'est rendu célèbre par le rôle de Bertrand, compagnon de Robert Macaire.... Il doit y en avoir d'autres ; mais il est difficile de les deviner sous les petits noms de Julien ou d'Octave, d'Héloïse ou d'Amandine, qu'ils prenaient pour s'essayer à fouler les planches.

Après avoir dit que le parterre de l'Odéon était souvent agité, je n'ai pas besoin d'expliquer pourquoi celui de Bobino était toujours houleux. Le petit théâtre, en effet, avait moins de *respectability* que le grand ; et les étudiants n'y venaient guère que pour y faire du tapage. Les pauvres acteurs étaient réellement exposés à tous les projectiles ; il leur fallait une sorte de courage militaire pour ne pas jouer derrière des remparts ou des fascines. Ce n'eût été pour eux que la plus vulgaire des précautions, de s'abriter derrière des parapluies ouverts, en guise de boucliers. Et puis, on les interpellait au fur et à mesure du débit de leurs rôles ; on faisait de la critique parlée à leurs dépens. Pourtant ils ne pouvaient que rouler des yeux furieux, la discipline théâtrale s'opposant à ce qu'ils répondissent. Je les ai souvent plaints.

Mais je fais le bon apôtre, et j'ai été un soir le complice (peut-être l'inventeur) d'une charge qui est restée classique à Bobino pendant des années. On me la pardonnera, quand on saura qu'elle n'avait pour but que de venger un ami.

Croiriez-vous que ce petit faquin de Bobino s'était permis de refuser une pièce à Murger sous le prétexte que le Palais-Royal n'en avait pas voulu ?... Vous conviendrez bien qu'il fallait faire justice d'une pareille insolence, et que ce ne pouvait être impunément que l'on eut rendu, au futur auteur de la *Vie de Bohème,* un vaudeville portant dans son titre ces deux noms alors populaire : *Pipelet et Cabrion.*

A cinq ou six nous remplîmes donc une avant-scène, et ayant quitté nos chaussures pour nous les mettre aux mains, pendant toute la soirée nous applaudîmes, ainsi gantés, la pièce que l'on jouait.

Les autres loges imitèrent notre exemple ; et l'on n'entendit plus bientôt que le bruit de cent personnes battant la semelle.

Je ne me vante ni ne m'accuse de cette plaisanterie de savetier en goguette ; je la raconte, voilà tout.

XXVII

PREMIERS COUPS DE PLUME DE MURGER

C'était le temps où Murger vivait des deux louis par mois que lui valait sa place de secrétaire chez un prince russe. Il avait renoncé à la peinture après s'y être essayé un instant (en compagnie de Camille De Vos devenu plus tard musicien). Je crois même qu'il ne songeait plus à s'engager dans la marine, ainsi que l'idée l'en avait tenu pendant plusieurs années. Alors il écrivait où il pouvait, quand il pouvait, et comme il pouvait. Selon son expression favorite, il faisait de la copie « à huit francs l'arpent » ; c'est assez dire quel était le tarif de la ligne dans la presse d'il y a quarante ans.

Plusieurs des premiers articles de Murger sont

sortis de mon encrier ; à cette époque, nous partagions l'atelier que j'avais loué rue de la Harpe, n° 50. Voici les premiers vers de lui qui eurent l'honneur de l'impression ; ce sont ceux d'une romance intitulée *Le Bal* et dont la musique était de Camille De Vos, compositeur encore inédit à cette date :

> Ah ! le bal, le bal,
> Plaisir sans égal,
> Que mon cœur adore
> Du soir à l'aurore !
>
> Oui, danser toujours,
> Oui, valser sans cesse,
> Voilà mon ivresse,
> Voilà (*quater*) mes amours... etc.

Je me borne à citer le refrain du *Bal*.

Veut-on d'autres spécimens de la jeune littérature de Murger ? J'en ai toute une liasse au fond d'un placard. Mais je n'en veux donner que quelques-uns à titre de curiosité.

Ce sera d'abord un fragment d'une nouvelle dans le genre larmoyant, intitulée le *Stabat Mater*, et qui a été publiée par la *Gazette de la Jeunesse* :

Le lieu de la scène est le village de Casoria, près Naples ; le principal personnage est Pergolèse, un des plus illustres compositeurs italiens du siècle dernier, l'auteur de la *Serva Padrona*, du *Maëstro di musica*, enfin le père de la comédie lyrique moderne.

Pergolèse, à qui le Pape a demandé un *Stabat*, est depuis quelques jours au travail ; mais l'inspiration est rebelle. Il a interrogé son clavecin ; il a ébauché vingt motifs sur le papier réglé... Rien ne le contente de ce qu'il trouve.

« Non, non, s'écrie-t-il, ce n'est pas cela, il faut du calme et non du bruit, presque des larmes et non pas des sons.

» O Raphaël ! ô Rubens ! ô Michel-Ange ! comment donc avez-vous fait quand vous avez peint avec une vérité si effrayante la sublime douleur de la vierge pleurant son fils crucifié ? Comment donc avez-vous fait pour la rendre si véritable, si émouvante, si terrible, cette scène de désolation maternelle ! où donc avez-vous pris ce désespoir ; où donc avez-vous trouvé ces larmes ? Maîtres, vous l'avez peint le *Stabat Mater* ; et je ne puis le chanter, moi ! Où trouverais-je quatre notes qui feraient pleurer ceux qui les entendraient comme la douleur de la Vierge fait presque pleurer ceux qui l'admirent dans vos tableaux ! Oh ! l'inspiration ne me viendra donc pas !

» Et il se mit à lire tout haut l'hymne du *Stabat*, comme pour mieux se pénétrer des paroles. Après avoir achevé cette lecture, il se recueillit un instant, et il allait se remettre à composer lorsqu'il entendit des pas dans l'escalier. C'était le mari de sa cousine qui montait ; il entra dans la chambre et dit à Pergolèse d'une voix altérée par l'émotion :

» — Baptisto, Baptisto, descendez vite, ma fille se meurt !

» Pergolèse ne répondit rien, mais il suivit tristement le malheureux père.

» Quand il arriva près du berceau de l'enfant, une seule chose le frappa d'abord, ce fut sa cousine Maria, qui s'était jetée aux genoux du médecin, et qui lui disait d'une voix sèche et brève, où se peignait pourtant toute l'inquiétude maternelle :

» — N'est-ce pas que vous la sauverez ? N'est-ce pas qu'elle vivra ?

» Le médecin hocha tristement la tête, et se penchant à l'oreille de Pergolèse, il lui dit tout bas :

» — Toutes les mères sont ainsi, elles ne comprennent pas que leur enfant puisse mourir... Cette petite fille n'a pourtant pas dix minutes à vivre. »

» Quant à Maria, elle avait pris le geste du médecin pour un signe d'espérance, et ce fut presque avec un sourire qu'elle retourna vers le berceau ; mais lorsque ses lèvres effleurèrent le front de la petite fille, il était froid, elle venait de mourir.

» La mère ne jeta qu'un cri et tomba à la renverse... Il profita du moment où Maria était plus calme pour remonter chez lui.

» Dès qu'il fut rentré dans sa chambre, il se mit à

son clavecin, car l'inspiration bouillonnait dans son cerveau, mais au moment où il allait poser ses doigts sur le clavier, un cri de la mère désolée parvint jusqu'à lui.

» Oh ! non, dit-il en se levant, pas ici ; ce serait une profanation ! Pauvre Maria ! Pauvre enfant ! Ce ne sont pas les larmes qui me manqueront, dit-il en essuyant ses yeux ; et prenant un violoncelle sous son bras, il descendit dans le jardin, fut se placer sous un hangar assez éloigné de la maison, et là, au milieu d'une nuit sereine, sous un ciel étoilé, ayant devant ses yeux et à l'horizon, le golfe de Naples ainsi que la noire silhouette du mont Vésuve, il se mit à composer.

» Le vent de la nuit apportait les sanglots de Maria jusqu'à l'endroit où Pergolèse, la tête en feu, sous la brise fraîche de la nuit, faisait aussi pleurer son violoncelle sous l'archet inspiré,

» Quand il eut terminé la première strophe de l'hymne douloureuse, il la chanta tout haut pour en connaître l'effet ; quelques mesures furent entendues par les voisins qui, ayant appris la mort de la petite Mariette, crurent, en écoutant ce chant, tant il était beau, entendre la voix des anges qui venaient chercher l'âme de l'enfant pour la porter au ciel.

» Au milieu de la nuit, Pergolèse fut forcé de s'arrêter ; le froid l'avait saisi, et ses mains étaient si tremblantes qu'il ne pouvait tenir l'archet.

» Je finirai demain, dit-il. Et il se dirigea vers la maison ; en passant devant la chambre mortuaire, il fit pieusement le signe de la croix en disant encore : « Pauvre mère ! pauvre enfant ! » Rentré dans sa chambre, il put à peine transcrire sur le papier à musique celle qu'il venait de composer ; un frisson glacé lui parcourait le corps, aussi se coucha-t-il dès qu'il eut terminé ce travail, qui l'occupa encore assez longtemps.

» C'est l'émotion et la fatigue, pensait-il. Ma cousine me pardonnera de ne pas être descendu près d'elle..; et d'ailleurs, à quoi serviraient mes consolations... son désespoir l'empêcherait de m'entendre.. Et il s'endormit en murmurant tout bas : *Stabat mater dolorosa !*

» Trois jours après qu'on eut enterré l'enfant de Maria, on creusa la tombe de Pergolèse. Saisi par le froid, pendant qu'il travaillait en plein air, une pleurésie, comme celle qu'il avait eue vingt ans avant, s'était déclarée, et il mourut en mettant la dernière main à une œuvre que la mort lui avait inspirée :

» Le vendredi-saint de la semaine suivante, le *Stabat mater* de Pergolèse était exécuté à la Chapelle Sixtine de l'église Saint-Pierre de Rome. »

Le morceau qui suit est infiniment meilleur, parce que Murger a été poète longtemps avant d'avoir trouvé sa forme en prose :

OPHÉLIA

Dans son lit de sable, entre les roseaux,
Le flot nonchalant murmure une gamme,
— Et dans sa folie, étant toujours femme,
L'enfant se pencha sur les claires eaux.

Vers les claires eaux, tandis qu'elle penche
Son pâle visage et le trouve beau,
Elle voit flotter au courant de l'eau
Une herbe marine à fleur jaune et blanche.

Dans ses longs cheveux, elle met la fleur ;
Et dans sa folie, étant toujours femme,
A ce ruisseau clair qui chante une gamme
L'enfant mire encore sa fraîche pâleur.

Une fleur du ciel, une étoile blonde,
Au front de la nuit tout à coup brilla,
Et, coquette aussi, comme Ophélia,
Mira sa blancheur au cristal de l'onde.

La folle aperçoit au milieu de l'eau
L'étoile reluire ainsi qu'une flamme ;
— Et dans sa folie, étant toujours femme,
Elle veut avoir ce bijou nouveau.

Elle étend la main pour cueillir l'étoile,
Qui l'attire au loin par un reflet d'or ;
Mais l'étoile fuit ; — elle avance encore !...
— Un soir, sur la rive, on trouva son voile.

Sa tombe est au bord de ses claires eaux
Où, la nuit, Stella vient mirer sa flamme ;
Et le ruisseau clair qui chante une gamme
Roule vers le fleuve entre les roseaux.

Et Murger philologue... Je me rappelle à ce sujet une légère indiscrétion qu'il commit, un jour que je le félicitais sur sa prose savantissime.

Son patron, le comte Tolstoï, était un philologue distingué ; et qui, je crois, fut plus tard ministre de l'Instruction publique en Russie. Il est évident qu'il se servit de son petit secrétaire pour introduire le savant article que l'on va lire (signé H. Murger) dans l'Artiste de M. Arsène Houssaye.

« ... Disons donc avec M. Ouvaroff que l'on ne saurait trop s'appliquer à l'étude philosophique des langues, car elles sont les seuls monuments historiques du temps qui précède l'histoire. Etudier la langue d'un peuple, c'est étudier en même temps la série de ses idées. Plus une langue est parfaite, plus la nation qui la parle s'approche de la civilisation. L'étude analytique d'une langue nous initie au génie de la nation : la confrontation de plusieurs idiomes nous fait voir non seulement l'alliance qui subsiste entre eux, mais nous découvre encore à quelle époque appartient telle ou telle idée ; si elle a son origine dans la langue même ou si elle a été empruntée à tel autre peuple, qui peut-être a cessé d'exister. »

« Rien ne serait donc plus utile qu'une connaissance approfondie des langues orientales assez répandues pour soumettre toutes les découvertes à une savante critique. Si nous osions ajouter à la liste déjà bien longue des desiderata de M. Ouvaroff, nous recommanderions aux philologues le talenga et le tamoul, qui, certes, ne seront pas les derniers à nous dévoiler leurs richesses.

» Ces langues une fois bien connues, on arriverait à comprendre les religions anciennes qui pour nous sont encore lettres closes. Si le dix-huitième siècle n'a vu dans les mystères de l'antiquité qu'un culte frivole et ignorant de l'homme envers la matière, nous ne devons pas le croire sur parole, mais chercher si derrière cette explication des mythologies grecques il n'y aurait pas une explication plus sérieuse, plus profonde et partant plus vraie ; si derrière le culte du soleil, par exemple, il n'y aurait pas primitivement l'idée symbolique d'un culte au Dieu de lumière et d'intelligence...

» Pour nous, nous n'ajouterons qu'un mot :

» *Eleg haddebarim asher lebi-welo ch'thobethi-beawoth nafskechá admihtthebas dehem aweh nafshi.* »

Voici maintenant quelques entrefilets, quelques « mots de la fin » choisis parmi ceux que Murger a jetés à pleines mains dans la *Gazette de la jeunesse*, l'*Age d'or*, le *Corsaire*, le *Figaro* et autres feuilles instituées pour la distraction et le plaisir de leurs abonnés.

—

M. Michel Carré et son ami Jules Barbier ont entrepris avec succès le rajeunissement de ce vieil Eson dramatique qu'on appelle un poème d'opéra comique. Grâce à eux, les musiciens en réputation commencent à croire que la poésie bien faite n'empoisonne pas la musique, comme les marchands de paroles au boisseau en font courir le bruit ; et tous les compositeurs jeunes font demander des libretti aux jeunes écrivains, comme les élégants vont chez les meilleurs faiseurs. Mais de cette spécialité dramatique à laquelle ils semblent s'attacher exclusivement, il est résulté pour les deux amis et collaborateurs une singulière habitude. A force d'écrire des récitatifs, des duos et des quatuors, cette forme lyrique est dans leur langage ordinaire. Ils ne parlent plus qu'en vers. Quand M. J. Barbier, qui passe sa vie à courir après M. Carré qui passe sa vie à l'attendre, s'informe à propos de lui chez son portier, c'est en ces termes qu'il s'exprime :

> Mon ami Michel Carré
> Est-il dehors ou rentré ?
> Vous, que le propriétaire
> De ce logis fait cerbère,
> Dites-lui bien de ma part,
> Qu'à l'estaminet des Var-
> Riétés je vais l'attendre,
> Afin de bien nous entendre,
>   Sur un opéra nouveau (*bis*),
>   Musique de Duprato (*ter*).

Quant à Michel Carré, voici ordinairement en quels termes il demande un cigare :

> Au prix d'un triple décime,
> Et pour chasser l'ennui noir
> Dont mon esprit est victime,
> De vos mains je veux avoir
> Un régalia dont l'arome
> Flatte mon nerf olfactif,
> Et me fasse trouver l'homme
> Un peu plus récréatif.

Le garçon interrogé ainsi hésite quelques secondes, puis, ayant compris soudainement, il apporte un verre d'absinthe.

—

Un Atlas et un Hercule de carrefour se disputaient au coin d'une rue. Le dictionnaire d'injures épuisé, les adversaires, excités par la galerie, allaient en venir aux mains. L'un d'eux, montrant à l'autre son poing formidable, lui dit :

— Vois-tu ça ? ça tue les bœufs.

— Vois-tu celui-là ? dit l'autre, faisant le même mouvement offensif, ça tue les bouchers.

—

— Quelle est donc, je vous prie, cette dame qui vient d'entrer dans l'avant-scène ?

— C'est Mlle M...

— Celle qui vient de manger deux cent mille francs au duc de *** ?

— La même.

— Et quel est ce jeune homme pâle qui l'accompagne ?

— C'est son cure-dents.

Le coupé de Mlle D... stationnait devant un magasin de nouveautés à la mode. Le cocher, qui s'était endormi sur son siège, ne s'apercevait pas des efforts que faisait sa maîtresse pour ouvrir la portière. Passe un jeune homme qui s'aperçoit des embarras de la dame ; il ouvre la portière et offre la main à la jeune femme en lui disant :

— Le commissionnaire se recommande aux bontés de madame.

Mlle D..., avec un malin sourire, lui remet une pièce de deux sous.

— Ce n'est sans doute qu'un à compte, insiste le cavalier, j'aurai, si vous le permettez, l'honneur d'aller réclamer le reste chez vous.

Mlle D... regarda avec plus d'attention le sigisbé improvisé qui mettait gravement la pièce de deux sous dans sa poche, et elle reconnut un des fervents habitués de son théâtre.

Après une courte hésitation, elle offrit au jeune homme une place dans sa voiture, et elle l'emmena chez elle, où elle lui offrit de partager son dîner qui l'attendait.

Il y a eu du dessert.

XXVIII

MIMI

Vers la fin de 1843, Murger vit au quartier Latin. Mais il y est un peu errant. J'ai partagé assez longtemps avec lui le logement que j'avais pris pour 120 fr. par an, au n° 50 de la rue de La Harpe. Il a habité aussi chez Karol, son fameux « professeur de moka » ; puis chez Champfleury, au n° 64 de la rue de Vaugirard, Précisons : c'était au second étage de la maison, et l'on voit encore à l'une des fenêtres le petit balcon en fer sur lequel tant de bonnes pipes ont été fumées.

Il faut lire dans les *Souvenirs des Funambules* de Champfleury, les détails de cette vie en commun menée par les deux amis. Murger avait apporté son mobilier composé de « six assiettes, dont trois en porcelaine, un Shakespeare, les œuvres de Victor Hugo, une commode hors d'âge, et un bonnet phrygien...; plus, divers souvenirs pleins de poussière qui furent accrochés au mur : « un gant de femme, un loup de velours, et je ne sais quels objets qui embaumaient l'amour. »

C'est sûrement à cette époque, et sous l'influence de l'auteur des *Bourgeois de Molinchard*, que Murger commença à bouder la muse pour s'adonner à la prose ; c'est encore au cours de cette période que les premiers germes du livre qui devait le rendre célèbre se déposèrent dans son esprit ; les scènes qu'il a décrites, en les embellissant, il y a assisté, il les a vues; les personnages qui y prennent part et dont sa plume a quelque peu poétisé la physionomie, il les a connus, il leur a parlé.

Hélas, je crains bien que le lecteur ne soit désenchanté quand je lui aurai dit comment, dans la réalité, ces scènes se sont passées et comment ces personnages étaient faits. Mais ce n'est pas un roman que j'écris ; et même pour commencer en toute sincérité mon procès-verbal, je ne reculerai pas devant le signalement peu flatteur des demoiselles Mimi, Musette et Phémie.

Pour Murger, « Mimi » a été une sorte de raison sociale de toutes les femmes qu'il a connues, un terme générique applicable à la brune aussi bien qu'à la blonde. Et quand il disait Mimi, il pensait Angèle. Voici en quelques mots l'histoire de celle qu'il ne nomme pas de son vrai nom.

Comme Murger se dépêchait de vivre, il aima, encore enfant, une de ses cousines qui s'appelait Angèle et qui était la fille d'un fabricant de poêles, plus ou moins Piémontais. Mais, cet amour fut plus que platonique, il fut éthéré, car sa jeune parente n'en fut jamais touchée ; ni bouquets, ni madrigaux en vers ou en prose ne purent l'émouvoir. Elle se maria vertueusement, bourgeoisement. Et lui, toujours plein de son souvenir, l'a peinte sous le pseudonyme d'Hélène dans les *Buveurs d'eau*. Mais elle avait une amie, Marie (qui devint Mme Duchampy dans les *Scènes de la vie de jeunesse*, et qui prête en partie ses traits à la Mimi de la *Vie de bohême*). Celle-là fut plus compatissante pour le poète, et sa compassion très effective dura même assez longtemps, bien qu'elle fût mariée. Je les ai rencontrés ensemble plusieurs fois au bal de l'Opéra. Madame était masquée, ce qui fait que je ne saurais trop comment m'y prendre pour vous la décrire, n'étant d'ailleurs pas admis dans son intimité. Par bonheur Murger a parlé et il a dit d'elle : « C'était une femme frêle et maladive où les poètes de l'école poitrinaire vont ordinairement chercher leur idéal... Ses yeux, d'un bleu indécis, s'allumaient parfois d'un éclair fugace aux lueurs duquel son visage, ordinairement calme et pâle, s'animait et se colorait à la fois. » Je prends ces lignes dans (les amours d'Olivier) épisode des *Scènes de la vie de jeunesse ;* et je ne pousse pas la citation jusqu'au passage navrant qui raconte la trahison de Mme Duchampy.

C'est de Mimi Ire que je viens de vous entretenir. Mais il y a eu Mimi IIe, sur laquelle il convient de laisser d'abord parler mon ami Théodore de Banville :

« ... La vraie Mimi, dit-il, était une de ces fleurs parisiennes étiolées, qui sont nées et qui ont grandi à l'ombre, sans un rayon, et qui, après deviennent folles de joie lorsqu'enfin un jour elles aperçoivent le soleil, à Marlotte ou à Bougival ! Très blanche, d'une pâleur mate, avec des lèvres douces, des cheveux châtains comme décolorés, et des yeux d'un gris bleu, on voyait qu'elle avait souffert, qu'elle avait été affreusement résignée : aussi la misère avec un poète lui semblait-elle un paradis ! »

Le médaillon de Banville ressemble d'autant plus à l'original (dont le souvenir m'est toujours si présent) qu'il semble être la réduction Colas de cet autre qu'a modelé Murger, avec sa plume considéré comme ébauchoir :

« Mimi était une charmante femme et d'une nature qui convenait particulièrement aux sympathies plastiques et poétiques de Rodolphe. Elle avait vingt-deux ans ; elle était petite, délicate, mièvre. Son visage semblait l'ébauche d'une figure aristocratique ; mais ses traits, d'une certaine finesse et comme doucement éclairés par les lueurs de ses yeux bleus et limpides, prenaient, en de certains moments d'ennui ou d'humeur, un caractère de brutalité presque fauve, où un physiologiste aurait peut-être reconnu l'indice d'un profond égoïsme ou d'une grande sensibilité. Mais c'était le plus souvent une charmante tête au sourire jeune et frais, aux regards tendres et pleins d'impérieuse coquetterie. Le sang de la jeunesse courait chaud et rapide dans ses veines, et colorait de teintes rosées sa peau transparente aux blancheurs de camélia. »

Ces descriptions sont justes, à cela près pourtant des proportions de l'éloge.

Banville et Murger ont en effet vu Mimi avec les yeux de l'artiste. La vérité est que, sans s'être trompés d'une façon absolue, ils ne l'ont aperçue qu'au travers d'une lorgnette trempée dans l'eau de jouvence. Du reste, vous voyez que Marie Duchampy et Mimi II° sont bien la même femme pâle aux yeux bleus.

Quant à Mimi, par le fait c'était bien une plante maladive poussée à l'ombre, une Parisienne des faubourgs, et si son visage avait par moments une expression angélique, elle n'en était pas moins dénuée de tout sens moral. Une petite *noceuse*, quoi !... Elle a trompé Rodolphe comme Marguerite eût trompé Faust, si le drame de Gœthe avait eu un acte de plus.

Que de fois mes amis et moi l'avons-nous réprimandée, et Dieu sait si nous étions des moralistes autorisés. Le bon La Fontaine aurait rougi de nous. Nous lui disions : « Fais ce que tu voudras, c'est ton affaire, mais sauve au moins les apparences ; trouve des prétextes à tes fugues scandaleuses : raconte que tu as passé la nuit au chevet d'une parente ou d'une amie... » Ah ! ouich ! elle riait en ébauchant un demi-tour de valse, et n'en faisait qu'à sa tête. Il paraît qu'elle éprouvait d'ineffables joies à tenir enchaîné à ses pieds, et fou de jalousie, un homme d'un esprit supérieur.

C'était cependant pour Lucile, comme elle s'appelait de son vrai nom, que Murger avait quitté le logement qu'il partageait avec Champfleury, et qu'il avait pris une ruineuse chambre au premier étage de l'hôtel des Canettes, 5, rue des Canettes.

La fin de cette pauvre fille fut lamentable. Elle mourut de la phtisie à l'hôpital. Murger, n'ayant pas été prévenu à temps, ne put réclamer son cadavre, lequel dut aller, selon les règlements, aux amphithéâtres de dissection de l'Ecole de médecine.

Prenez note de ce que l'histoire si mélancolique, racontée par Murger sous le titre du *Manchon de Francine*, s'applique à cette Mimi. Francine n'a d'abord pas existé ; et il ne s'agissait point d'un manchon, mais d'une robe de drap dont la pauvre fille a rêvé jusqu'à sa mort.

Je ne cite que pour mémoire une Mimi IIIe, qui n'a guère marqué dans la vie de Murger que par ce caressant sobriquet qu'il lui donnait en souvenir des deux précédentes. C'était une blonde à peu près quelconque, nommée Juliette, ayant de la tenue et un aspect presque honnête. Elle offrait volontiers une tasse de thé aux amis de son amant, qui la faisaient tousser avec la fumée de leurs pipes, mais dont elle écoutait avec politesse, peut-être même avec intérêt, les longues discussions sur l'art. C'est comme une fatalité, Mimi IIIe est morte aussi d'une maladie de poitrine.

XXIX

MUSETTE

D'après la commune croyance, la Musette de Murger ferait avec la Mariette de Champfleury une seule et même personne. (Je vous parle de l'héroïne de ce roman que vous avez lu, et qui s'appelle les *Aventures de Mademoiselle Mariette*). La vérité vraie serait ici assez difficile à dégager, les deux écrivains ayant quelque peu faussé la ressemblance du modèle vivant pour en faire apparaître la figure dans leurs livres.

Je me rappelle qu'un soir, Champfleury revint tout ravi d'une visite qu'il avait faite à Béranger ; il me rapporta que le vieux chansonnier avait un faible pour les *Aventures de Mademoiselle Mariette*, et lui avait dit:

— Quoique vous puissiez faire par la suite, ce livre vous sera compté.

Béranger avait longuement insisté sur *Mademoiselle Mariette*, et Champfleury, préoccupé des conseils du vieux poète, me conta la conversation, sans se douter que plus de vingt ans après je la rapporterais aussi fidèlement que ma mémoire me le permet.

— Les personnages de *Mademoiselle Mariette* doivent être vrais, disait Béranger, aussi vrais que possible. Ce sont des portraits?

— A peu près, répondit Champfleury.

— Eh bien, n'imprimez jamais leurs noms; vous affaibliriez votre roman.

Le chansonnier parla alors de sa Lisette et dit combien peu il importait au public que Lisette fût le pseudonyme d'une Adèle ou d'une Louise du passé. On avait chanté Lisette sans s'inquiéter de la réalité de son état civil. Lisette elle était née sous la plume du poète; Lisette elle vivrait.

— Ne commettez donc pas la faute de matérialiser votre Mariette, ajouta Béranger, en donnant à croire qu'elle et ses soupirants sont pris sur le vif, vous amoindririez à la fois l'œuvre et l'ouvrier.

C'est ce qui fait que dans les nombreuses éditions qui se succédèrent des *Aventures de Mademoiselle Mariette*, Champfleury n'a pas fait pressentir dans ses préfaces qu'une clef pouvait être donnée des personnages de son roman. Sans doute, il n'a pu empêcher les indiscrétions de ses compagnons de jeunesse, des témoins ou des confidents d'un drame amoureux dont s'occupait tout le petit cénacle du Quartier Latin, mais il faut s'en tenir à la dédicace de la première édition adressée à miss G... e : « Un seul, celui qui a aimé, croira que j'ai connu sa Mariette, car tout homme à eu une Mariette. »

Ne nous arrêtons donc point davantage à chercher Musette dans la Mariette de Champfleury ; nous aurions trop peur de l'y trouver, au grand dépit des mânes de Béranger.

Pourtant il y a eu une Mariette bien réelle, que j'ai vue et connue, et dont Murger s'est évidemment servi comme du prototype de Musette. Il ne lui a guère prêté à faux qu'un talent de diseuse de chansons qu'elle ne possédait nullement ; c'est un trait emprunté à Mme Pierre Dupont qui, en ce temps-là, charmait nos desserts avec l'inépuisable répertoire de couplets *paysans*, qu'elle avait dans le gosier.

« ... Elle chantait d'une voix toujours fraîche, sinon très juste, dit Murger, une foule de rondes campagnardes qui lui valurent le sobriquet sous lequel l'ont depuis célébrée les plus fin lapidaires de la rime. »

Quant à son caractère (et ici c'est bien de Mariette que parle l'auteur de la *Vie de Bohème*) : Elle adoptait en amour la moitié du célèbre aphorisme de Champfort : « L'amour est l'échange de deux fantaisies. » Aussi jamais ses liaisons n'avaient été précédées d'un de ces honteux marchés qui déshonorent la galanterie moderne. Comme elle le disait elle-même, Musette jouait franc jeu et exigeait qu'on lui rendit la monnaie de sa sincérité; mais si ses fantaisies étaient vives et spontanées, elles n'étaient jamais assez durables pour arriver à la hauteur d'une passion. Et l'inconstance excessive de ses caprices, le peu de soin qu'elle mettait à regarder la bourse et les bottes de ceux qui lui en voulaient conter, apportaient une grande mobilité dans son existence, qui était une perpétuelle alternative de coupés bleus et d'omnibus, d'entre-sol et de cinquième étage, de robes de soie et de robes d'indienne. »

Une vraie fille de Bohême que cette Mariette-Musette; mais belle, positivement belle. Les peintres et les sculpteurs la recherchaient beaucoup et s'inscrivaient longtemps à l'avance pour obtenir d'elle une séance. De fait, ce corps blanc, légèrement rosé aux articulations, était d'une constitution merveilleusement équilibrée; privilège rare, sa vue n'inspirait que les sentiments d'admiration calme que l'on éprouve devant un chef-d'œuvre de la statuaire antique. La tête seule manquait de régularité, tête joyeuse mais légèrement moqueuse. Du moins, ce qui lui donnait cet aspect, c'était un tic assez singulier dont elle était affectée: elle souriait de travers. Je m'explique : le coin gauche de la bouche remontait légèrement, tandis que le droit restait en place, ce qui nous faisait dire « qu'elle louchait des lèvres. »

Et si vous croyez qu'elle n'avait pas conscience de sa valeur plastique, à tout propos elle se mettait... en tenue d'atelier.

Un soir (chez Lazare, je crois), nous étions réunis une dizaine d'amis parmi lesquels se trouvait l'austère Jean Journet qui s'était fait, en ces temps-là et au nom du phalanstère, l'apôtre laïque de la vertu. L'idée prit à notre amphytrion de nous donner le divertissement de la Tentation de Saint Antoine ; car en effet, pour la lui suggérer, il avait sur sa cheminée, entre autres bibelots naïfs dont il était amateur, une bande de six petits cochons en pain d'épices se suivant, soudés par la tête à la queue. Après qu'il eut donné le mot à l'oreille de Musette, celle-ci jeta vivement à terre tout ce qui la couvrait et alla, sans plus de façon, s'asseoir sur les genoux de Jean Journet !... Jamais peut-être, depuis saint Antoine, on n'avait vu la personne d'un homme aussi exemplaire, pour ne pas dire d'un aussi saint homme, confondue de la sorte avec un canapé.

L'apôtre resta un instant indécis et tout confus... Mais il se leva brusquement, ce qui fit glisser la tentatrice sur le parquet. Puis il sortit comme un affolé, et la cage de l'escalier retentit des malédictions qu'il grommelait en y mêlant du latin barbare.

Arrivé sous le porche, et se parlant toujours à lui-même, il disait encore quelque chose comme : *Corda sunt perniciosa*. Le concierge lui ouvrit la porte, parce qu'il avait entendu : « Cordon s'il vous plaît ! »

Dès le lendemain, il vint au café Momus tout exprès pour nous y anathématiser, mais nous le reçûmes par des éclats de rire.

Cependant, Musette finit par nous quitter pour aller habiter dans les parages de la rue Breda, ce qui veut dire qu'elle donna plus de régularité à sa vie déréglée, et qu'elle mena avec plus de sérieux la *carrière* qu'elle s'était choisie en ce monde. Je crois qu'elle ne posait plus dans les ateliers. Elle était devenue résolument, ouvertement, ce qu'on appelait :

Au seizième siècle, « une femme folle de son corps » ;

Au dix-septième, « une courtisane » ;

Au dix-huitième, « une fille du monde » ;

Sous le Consulat et l'Empire « une nymphe » ;

Sous la Restauration, « une créature » ;

Sous Louis-Philippe, « une Lorette » ;

Pendant le second Empire, « une biche, une petite dame, une cocotte, etc... »

Murger a beau dire que la vie de Musette présentait des « alternatives de coupés et d'omnibus », je crois que lorsqu'elle montait en omnibus, ce n'était que pour épargner le prix d'un coupé. Elle était au fond très rangée, sans être précisément avare ou âpre à l'argent. Ce que j'en puis affirmer, c'est qu'un jour, et assez longtemps après son départ du quartier Latin, elle me montra quarante mille francs en pièces d'or dans un coffret d'ivoire sculpté. Je sais où ce trésor se trouve enfoui aujourd'hui, et je vais le dire sans crainte que les voleurs ne viennent mettre la main dessus.

Voici l'aventure : elle est tragique, et d'avance je demande pardon au lecteur de la lui raconter, car il pourrait trouver qu'elle attriste mal à propos un chapitre portant le joyeux titre de *Musette*.

Théodore de Banville écrivit en 1878 un étincelant feuilleton, sur la reprise de la *Vie de Bohème*, qui venait d'être donnée à l'Odéon. Ce feuilleton me fut apporté tout chaud par Albert de Lasalle, qui avait été l'ami de Murger, comme il me prouvait qu'il était le mien, en cette circonstance. Je le lus avec le plus grand intérêt, mais non sans remarquer que Banville était très sobre de détails sur Musette. Un tel oubli de sa part m'étonnait, et je ne pus m'empêcher de lui en envoyer par la poste quelques reproches amicaux.

» Tu ne sais donc point l'horrible fin de Mariette autrement de Musette (lui disais-je, ou à peu près)...? Son esprit bourgeois et économe en avait fait, sur le retour de l'âge, une petite rentière. Voulant aller retrouver sa sœur qui était fixée à Alger, et craignant les dangers, qu'en son absence pouvait courir un magot d'une quarantaine de mille francs qu'elle avait amassé, elle alla trouver Demarquay pour le prier de le lui garder... Demarquay, ancien peintre, élève de Charlet, était alors devenu commissaire de police aux délégations judiciaires. On sent bien que sa position de magistrat lui interdisait d'accepter un pareil dépôt... Alors Musette se résolut à partir avec ses valeurs.

Mais hélas! la mauvaise chance voulut qu'elle prît l'*Atlas*, ce malheureux paquebot qui (vers 1863) est parti de Marseille, et n'est arrivé nulle part, sans que jamais on en ait même retrouvé une épave!... La pauvre Musette de Murger dort donc à jamais, avec son trésor, au fond de la Méditerranée !

Pour les esprits superstitieux qui se plaisent à noter les façons dont le hasard rapproche parfois les choses, j'ajouterai que sur le même navire se trouvait une caisse de jouets que j'expédiais en Algérie.

Banville me répondit par cette lettre charmante, qu'on lira certainement avec plaisir :

Paris le 3 décembre 1878.

« Mon cher ami,

» Ta bonne lettre m'a fait le plus grand plaisir en me montrant que tu ne m'as pas oublié, et je suis très reconnaissant à Albert de Lasalle qui me l'a value. En effet je n'aime rien tant que ce que j'ai connu étant jeune, et cela s'applique aux personnes avant tout, cela va même jusqu'aux livres, pendules et autres objets inanimés. D'ailleurs tu m'as fait tomber les écailles des yeux ! Comment diable avais-je oublié le modèle de Musette ?

« Il n'y a rien que j'aie tant connu que Mariette, mais je l'ai connue du temps où, ne possédant absolument rien car elle vivait absolument nue, elle n'avait aucune raison de montrer son avarice.

» Les Allemands, dans l'affreuse guerre, nous reprochaient avec raison de n'être pas géographes ; je le suis si peu que j'ignore tout à fait où est ta rue des Archives. Cependant, comme on arrive partout avec de la persévérance, j'espère bien la trouver quelque jour pour me donner la joie de te serrer la main. Et toi-même, si jamais tu peux découvrir la rue de l'Eperon que les cochers ne connaissent pas, mais qui, au fond, est située rue Saint-André-des-Arts, en face du 46, viens voir le jardin (tout à fait stérile) et les poules de ton vieil ami.

» Théodore de Banville. »

XXX

PHÉMIE TEINTURIÈRE

C'était à l'époque où.... le nommé Alexandre S*** portait un costume de nankin du jaune le plus révoltant, et où il jouait du cor de chasse sans être chasseur. Il avait suivi un soir, dans un café-goguette de la rue Saint-Martin, un bijoutier, possesseur d'une voix de ténor et qui voulait être accompagné au piano par l'auteur de la *Symphonie sur l'influence du bleu dans les arts* [1].

Pendant qu'il était au piano, le nommé Alexandre S*** remarqua, du coin de l'œil, les agitations

---

[1] Sur ces goguettes de 1845 et sur leur transformation en cafés-concerts, lire le curieux ouvrage du chansonnier Eugène Baillet.

nerveuses que la musique produisait chez une des jeunes dilettantes du lieu ; aux modulations les plus vulgaires, telles que le passage à la *dominante* par le *dièzement* de la *quarte* ou à la *quarte* par la *bémolisation* de la *sensible*, elle tombait en pamoison. Bientôt, se rapprochant de l'instrument, pour être plus près de l'instrumentiste, elle se risqua à demander quelques accords à mettre sous la mélodie d'une romance qu'elle savait.

Cette fauvette sans plumes avait nom Louisette et ne s'est jamais appelée Phémie que dans le livre de Murger. Pourquoi maintenant ce qualificatif de « Teinturière » sous lequel elle est connue dans l'histoire ? Je vais vous l'apprendre.

Louisette travaillait toute la journée, rue Saint-Denis, chez un fabricant de fleurs artificielles ; de sa spécialité elle était trempeuse, c'est-à-dire que chargée de teindre les étoffes qui imitent le feuillage, elle avait constamment les mains du vert le plus printanier. Voilà tout.

C'était une petite femme rondelette, avec des yeux bleus en dépit de la couleur foncée des cheveux. Son nez était fin et gouailleur ; sa bouche rieuse ; et derrière ses dents, aussi blanches que si elles eussent été fausses, se cachait une voix d'opéra-comique. Avec ces qualités, dénuée de toute instruction, mais possédant l'esprit de reparties du gavroche parisien. Aussi turbulente et mal embouchée qu'elle était, on la surprenait souvent *débagoulant* aux gamins de la rue tout le dictionnaire de l'argot. Puis, n'ayant nul souci de la dignité de son sexe, elle montait volontiers derrière les voitures.

Ah ! mais elle était très drôle et très amusante, sans quoi...

Pour l'inviter à plus de tenue, surtout à plus de convenance dans la parole, le nommé Alexandre S*** ne la tutoyait jamais, même depuis qu'il en avait acquis le droit le plus indéniable. Ainsi, ils avaient de ces dialogues au café Momus :

— Chère demoiselle, est-ce que Madame votre mère est toujours gardeuse d'enfants rue Malar, au Gros-Caillou ?

— Qu'est-ce que ça te fait à toi ?

— C'est que je soupçonne que les visites que vous rendez à cette vénérable femme ont un prétexte à quelques équipées de votre façon.

— Tu dis ?...

— Mon Dieu..., je dis que le quartier où votre tendresse filiale vous entraîne, est bondé de militaires. Veuillez, s'il vous plaît, devant ces messieurs, vider les poches de votre tablier ; nous verrons aux pompons et autres atours de Mars, qu'elles contiennent, à quel régiment de l'armée française vous donnez, ce jourd'hui, la préférence ?

— Alexandre, tu vas te taire ou je te... A-t-on idée d'un vieux carnaval comme ça ?... Et tous ses amis qui ont l'air de le croire !.. Ah ! mais non, mais non !

Puis des chapelets d'injures à n'en plus finir et des menaces de gifles ou de griffades pour le soir en rentrant au logis. Cependant l'ouragan ne durait guère qu'un quart d'heure, et se résolvait en quelques fredons insouciants et blagueurs.

La liaison du nommé Alexandre S*** et de Louisette (dite Phémie-Teinturière) dura assez longtemps et sans qu'il soit besoin d'en noter d'autre incident que celui de la rupture.

Un soir d'automne, le nommé Alexandre S***, rentrant à Paris après une tournée en Bretagne, trouva Louisette qui l'attendait chez lui, et d'autant plus correctement, que la pauvre fille venait d'être malade pendant plusieurs semaines. Les économies de monsieur s'épuisèrent vite en notes de pharmacien, ainsi qu'en viandes et vins réconfortants.

La convalescence dura près de trois mois. Comme l'année finissait, la petite malade, entièrement remise, voulut profiter du jour de l'an pour faire sa première sortie ; mais elle n'avait aucune garde-robe d'hiver, et il fallait, coûte que coûte, lui en procurer une. C'est alors que le nommé Alexandre S*** se résigna à vendre son paletot neuf, comptant qu'une double chemise lui en donnerait la chaleur au même degré, et ayant ainsi réalisé trente francs il les dépensa à nipper Louisette.

Le matin du 1ᵉʳ janvier, elle s'habilla gaiement, avec cette habileté de Parisienne qui sait donner du brio à la toilette la plus simple ; puis elle partit comme un oiseau qui s'échappe de sa cage, non sans avoir, bien entendu, déposé sur la joue de qui de droit un baiser de jour de l'an appartenant à l'espèce froide et règlementaire. Enfin l'escalier retentit comme d'ordinaire de ses joyeux *Tra la la...* Mais ce fut pour la dernière fois, car elle n'est pas revenue !

Louisette était donc affectée de cette maladie des femmes, pour laquelle Théodore de Banville a créé un mot si heureux, et qu'il appelle le *s'en-allage !*

C'est égal, lorsque Murger désigne Phémie-Teinturière par cette périphrase : « l'idole de Schaunard... », je trouve moi, qu'il va un peu loin !

XXXI

BARBEMUCHE

Charles Barbara ne riait jamais lorsqu'on lui demandait si c'était bien lui que Murger avait dépeint dans son livre, sous le pseudonyme transparent de Carolus Barbemuche ? Et il répondait en bougonnant :

— Est-ce que je le sais ?... Allez le lui demander !

Ce mouvement d'humeur provenait de ce que le portrait de Barbemuche est en effet peu flatteur.

Le futur auteur de l'*Assassinat du Pont-Rouge* était fils d'un luthier d'Orléans. Il avait un certain talent sur le violon ; pourtant il ne poursuivait point la carrière musicale, se destinant à l'École polythecnique. Son aspect de quaker, sa tenue noire et boutonnée, autant que l'air sévère de sa physionomie, lui venaient d'une situation de professeur qu'il avait occupée au collège de Nantua.

C'était un brave garçon, mais peu accueillant à première rencontre. Champfleury l'a très exactement décrit dans sa nouvelle du *Trio des Chenizelles* (dont l'action se passe chez Jean Wallon.)

Murger nous l'amena, étant en relation avec l'Orléanais par des fils de ce pays du bon vinaigre, des graves magistrats et des femmes aux longs pieds. Ses moyens d'existence étaient alors très sortables, et il ne pouvait passer pour un bohème, puisqu'il était précepteur dans la famille Drouin de Lhuys.

Comment fut-il reçu parmi nous ?... Mais avec quelques difficultés ; sa manière de vivre tranchait trop sur la nôtre. D'ailleurs il s'entourait volontiers de mystère, ce qui n'est jamais engageant. Ainsi personne de nous, même au temps de l'intimité, n'a pu forcer la triple serrure de sa porte. C'est lui qui venait nous trouver ; et en ce qui me concerne, je le sais bien, puisque pendant plusieurs années, il a été assidu à mes quatuors.

Son nom de guerre, Barbemuche, est une ironie de Murger ; en effet il ne portait pas de barbe, parce que peut-être la nature ne lui en avait-elle point donné. Il en est de même pour son véritable nom de Barbara ; chez lui la physionomie était douce et sérieuse, à l'air toujours étonné ; surtout elle n'avait rien de barbare.

Il avait le travail pénible et lent. Ses débuts littéraires furent loin d'être brillants ; on y sentait encore trop la rhétorique de collège. Je trouve un spécimen de sa première prose dans la *Gazette de la Jeunesse* de 1842 : c'est une nouvelle au-dessous du médiocre qu'il intitule : *Le plat de souliers*. Mais je sais que c'est Champfleury qui lui vint en aide et qui le guida de ses conseils, il lui recommandait la lecture des réquisitoires du ministère public, qui sont d'excellents modèles de style précis et limpide. Barbara se fit ainsi la main ; et la première manifestation de son talent a nom, en librairie, *Histoires émouvantes*. Vinrent après divers romans très remarqués, tels que l'*Assassinat du Pont-Rouge* (1855,) *Les Orages de la vie,* puis un recueil de nouvelles, contenant : *Mes petites maisons, Esquisse de la vie d'un virtuose* etc...

Je crois que c'est dans l'*Assassinat du Pont-Rouge* qu'il se venge de Murger et qu'il répond aux brocarts lancés à Barbemuche.

Barbara eut une fin d'existence horrible, qu'on n'a jamais bien connue, et sur laquelle je puis faire quelques révélations.

Ce que l'on va lire, je le tiens de Théophile Silvestre, le critique d'art, mort il y a une dizaine d'années.

Silvestre demeurait rue du Bac vers 1863. Nous

étions très liés, parce que je lui avais découvert un photographe accommodant pour les portraits de peintres vivants dont il écrivait l'histoire. Souvent il m'invitait à dîner ; c'est un soir, au dessert, qu'il me conta comment Barbara avait rencontré chez lui une dame et sa fille ; et comme quoi, s'étant épris de la fille, il l'avait épousée. La dame appartenait à une famille militaire et avait été élevée à Saint-Denis. Elle était fort instruite, ce qui n'est pas le fait ordinaire de la belle-mère d'un homme de lettres.

Le jeune ménage alla cacher sa lune de miel dans une maison de la route d'Orléans.

Deux fils étaient nés de ce mariage ; le plus jeune fut emporté par le choléra de 1865. Il venait de rendre le dernier soupir lorsque sa mère, affolée de douleur, courut demander du secours, un appui, des consolations à un ami de la famille qui demeurait au centre de Paris. Le fléau qui décimait la population, atteignit en chemin la pauvre femme. C'était un cas foudroyant et elle succomba. Au moment où on rapportait son cadavre, sa mère mourait aussi du même mal. Trois catastrophes en quelques heures et à un même foyer !...

Barbara resté seul avec son fils aîné, enfant de trois ans et demi, tomba gravement malade. La Société de Gens-des-lettres le fit transporter à l'Hospice Dubois. Après quelques jours de fièvre ardente, il commença à se rétablir. Cependant, à mesure que l'équilibre se refaisait en lui, il n'en voyait que plus clairement le navrant tableau de sa maison désormais déserte.

Un matin, il pria le malade, avec qui il partageait sa chambre, d'aller lui faire je ne sais quelle commission. C'est alors que, se trouvant seul, il ouvrit la fenêtre et se précipita sur le pavé de la cour.

XXXII

BAPTISTE

Il est très vrai qu'à divers moments, mais de la façon la moins suivie, Murger eut à son service Baptiste qui venait faire son lit et donner quelques rares coups de plumeau à ses meubles. Ce n'était pas un domestique, mais ce qu'on pourrait appeler une (femme de ménage mâle.)

Lorsque nous habitions ensemble, Champfleury et moi, nous avons eu aussi notre Baptiste que Murger a connu et dont il a bien pu faire passer quelque chose dans le personnage de son roman. Celui-là était un ancien lancier rouge, qui avait encore dans les reins une balle reçue à Waterloo. Pour dire vrai, nous n'en pouvions presque rien tirer, car sa blessure lui rendait impossible la plupart des mouvements qu'un valet de chambre est obligé de faire dans l'exercice de son métier ; aussi, étions-nous littéralement obligés de mettre dans sa main les objets que nous lui demandions de nous apporter.

Baptiste ne fait que traverser le livre de la *Vie de Bohème* ; mais il revient souvent dans la pièce dont il est le bouffon. Il y fait rire par l'antithèse de son humble condition et du langage prétentieux, ultra littéraire, que les auteurs lui prêtent. « Antithèse » est même un de ses mots favoris ; il appelle encore une femme « une fille d'Eve ; » et il se mêle de corriger les épreuves de son maître, en y jetant « un cent de virgules, » etc... On croit entendre un professeur de province qui a mis une livrée pour faire son cours. N'était-ce pas, d'ailleurs, un excellent trait de comédie de donner à des bohêmes le luxe d'un domestique.

En fait de livrée, vous ne savez pas celle que Murger avait donnée à Baptiste (au vrai Baptiste de chair et d'os) un soir qu'il offrait un gigot à ses amis ? Il l'avait affublé d'un uniforme de garde national, à la mode prudhommesque de 1830.

Je dois le dire, je n'ai jamais fait qu'entrevoir ce mascarrile moderne. Aussi laisserais-je à Auguste Vitu le soin de vous le décrire et raconter. Personne de mes anciens camarades ne l'a mieux connu que le critique du *Figaro*, et on peut l'en croire lorsqu'il dit :

« Le célèbre Baptiste de Murger est un type de pure invention, je dirai même de convention.

» Le vrai Baptiste m'appartenait. Il se nommait Jean-Baptiste Dépré, natif de Namur. Il avait été élevé dans la maison de mon parrain, l'illustre botaniste Charle Kunth, l'ami et le collaborateur des Humboldt et des Bonpland, et il m'avait porté dans ses bras dès ma plus tendre enfance. Son ignorance crasse et sa bêtise amère en faisaient un sujet de placement difficile.

« Cependant, il était entré je ne sais comment dans la domesticité du roi Louis-Philippe. La révolution de 1848 lui arracha son habit rouge et me le rejeta sur les bras. C'est alors qu'il fit connaissance avec la jeunesse artistique et lettrée : Léo Lespès, Alfred Vernet, Henry Murger, que Baptiste, en son patois flamand, appelait « *montsir Monjer* » l'eurent successivement à leur service. Telé tait le grand benêt, sorte de jocrisse qui ne savait ni lire ni écrire, qui par la singulière fantaisie d'Henry Murger est devenu le valet littéraire de la *Vie de Bohême*. »

Baptiste, qui doit être mort aujourd'hui, semble avoir été plus attaché à Murger qu'à tout autre, et même qu'à Louis-Philippe.

XXXIII

LE CAFÉ MOMUS

On a beaucoup écrit sur le café Momus, où en effet, de 1843 à 1848, se sont attablés quantité d'hommes de lettres devenus célèbres depuis. Mais *scripta volant*, devrait-on dire en retournant le proverbe latin ; car vous n'avez qu'à accoster un passant quelconque de la rue, et lui demander : « le café Momus s'il vous plait ?... sa réponse sera immanquablement négative.

Peu de personnes savent aujourd'hui où se trouvait ce café, quand pourtant il a réuni des cénacles d'artistes et d'écrivains en attendant que leurs similaires, venus plus tard, se fussent donné rendez-vous au divan Le Pelletier, puis au café de Larochefoucault.

Le café Momus se trouvait situé au n° 15 de la rue silencieuse et sombre des Prêtres-Saint-Germain l'Auxerrois. La maison existe encore et toujours voisine des bureaux du *Journal des Débats*. Mais elle abrite d'autres industries ; d'ailleurs, et pour mieux en changer l'aspect, on l'a décoiffée du pignon qui la surmontait depuis le seizième siècle.

Murger et ses amis préféraient la salle du second, où ils pouvaient fumer. Là en effet on était un peu chez soi, et délivré des intrus ; le maître de l'établissement y veillait. Mais, je l'ai déjà dit, s'il nous comblait d'égards, c'est à cause de la sourde ambition qu'il avait d'écrire. Il se montrait même plus particulièrement avenant avec Trapadoux et autres hommes de lettres dont il sollicitait les conseils.

A l'heure de la sortie ce limonadier, courtisan des Muses, se tenait debout près du comptoir, souriant ou ne souriant pas au client selon que celui-ci était un homme de plume ou un homme de pinceau ; sa femme, en manière d'invitation, ouvrait bruyamment le tiroir à la monnaie avant d'inscrire les consommations sur son registre. C'était une assez jolie personne, paraissant vivre sans émotion, et qui semblait professer quelque dédain pour son état social ; vous auriez dit d'une déesse exilée sur la terre par Jupin en punition de son manque de gaîté.

Les habitués presque quotidiens de Momus étaient, outre Murger et son groupe intime, Champfleury déjà connu du public lecteur ; le romancier André Thomas, frère de l'excellent comédien Lafontaine ; Monselet, frais et joufflu comme un abbé du siècle dernier ; Jean Journet, le pharmacien de Carcassonne, qui s'était fait l'apôtre du phalanstère ; le poète Gustave Mathieu créateur et chantre de *Jean Raisin* ; le bucolique chansonnier Pierre Dupont ; l'étrange, mais captivant Baudelaire, le futur auteur des *Fleurs du mal* ; Fauchery qui tenait encore le burin tout en aspirant déjà à prendre la plume ; Gérard de Nerval qui nous racontait ses voyages en Orient avant de les écrire ; le bibliophile Asselineau avec son éternelle cravate blanche, etc...

Nous avions aussi, mais plus rarement la visite, de M. Arsène Houssaye. Le directeur de *l'Artiste* ne s'asseyait point ; il venait s'enquérir de l'état de la copie qu'il avait commandée à ses jeunes protégés Champfleury, Murger et Monselet.

Un soir Murger amena un être assez singulier dont il s'était entiché, et qu'il voulait induire à la littérature, croyant avoir découvert en lui des trésors d'imagination. C'était Rozan, exerçant la profession nocturne de porteur de journaux. Je n'ai jamais été sûr, quant à moi, de l'équilibre de ses facultés. Il y avait des moments où, se donnant pour philosophe, il osait entamer avec Colline des discussions sur le moi et le non moi. D'autres fois il apportait, avec menace d'en jouer, un hautbois qui avait s'il vous plait des clefs d'argent et qu'il prétendait lui avoir été donné par la reine Amélie. La vérité, comme je l'ai appris depuis, est qu'il fit la guerre de Crimée en qualité de musicien dans le 32me régiment de ligne. Singulier cumul de fonctions, il fut chargé aussi par un journal religieux d'écrire des vies de saints, et des biographies de prélats.

Qui sait si ce n'est pas par le hautbois que Rozan avait séduit Murger ? Murger, bien que né au n° 17 de la rue Saint-Georges, ainsi qu'il a été dit, avait passé son enfance dans une maison portant aujourd'hui le n° 61 de la rue Taitbout, et où demeuraient aussi les familles Lablache et Garcia. Reçu et gâté comme enfant prodige par ces grands artistes, il s'était pris, et pour toujours, à leur contact, de la plus impérieuse passion pour la musique. Que de fois il nous quitta vers neuf heures pour aller acheter une contremarque à la porte de l'Opéra ! A vrai dire, il n'assistait ainsi qu'à la fin des représentations, ce qui fait qu'il ne savait par cœur et ne fredonnait jamais que les motifs faciles à retenir des derniers actes de *Robert le diable,* des *Huguenots* ou de *Guillaume-Tell.*

Indépendamment de ces airs d'opéra que Murger se murmurait à lui-même, son répertoire se composait d'une seule chanson ; il la tenait toujours prête au fond de son gosier pour le cas où, au dessert d'un dîner, on l'eut prié de « dire quelque chose. » C'étaient *Les cloches* d'Hégésippe Moreau mises assez heureusement en musique par un amateur. Murger avait dû être gagné par le charme des paroles dont la manière se rapproche de la sienne.

Il ne faut pas que j'oublie sur la liste de ceux qui ont passé par le temple enfumé de Momus, le peintre réaliste Bonvin, le puissant comédien Rouvière qui, en ce temps-là, était élève de Delacroix et faisait de la peinture ; enfin Privat d'Anglemont, l'archi-bohême.

Un soir de 1844, s'il m'en souvient, j'avais mon fameux costume de Nankin bouton d'or qui inspirait à mes amis cette innocente charge de ne me regarder qu'en se mettant la main sur les yeux, comme s'ils avaient voulu éviter l'éclat aveuglant de ma personne. Je ne sais quel instinct de fatuité m'entraîna donc vers neuf heures au café Dagneau, qui était le rendez-vous des étudiants les mieux nippés ; mais vous allez voir que la coquetterie, qui a perdu tant de femmes peut aussi être fatale à un pauvre jeune homme. En effet, il y avait alors une petite partie clandestine de lansquenet au second étage de l'élégant établissement de la rue de l'Ancienne-Comédie. J'avais sur moi l'argent de mon terme, c'est-à-dire trente francs péniblement amassés... Mais hélas!...

Vous comprenez tout ce qu'il y a d'amertume et de dépit dans cette exclamation.

Je revins donc penaud au café Momus, où il me fallut narrer ma triste équipée. C'est alors qu'André Thomas eut un beau mouvement de compassion, dont je lui ai toujours su gré.

— Voilà cinq francs, me dit-il ; retourne au jeu et essai de reconquérir les sommes dues à ton propriétaire. Sous mon influence tu vas gagner, parce que, ne touchant jamais une carte, je suis en compte avec le sort, qui me doit tout un arriéré de faveurs et de bonnes grâces... S'il y a un surplus, nous le boirons.

Me voilà donc encore une fois courant pour chez Dagneau, et toujours persuadé que les passants se sentaient piqués des aiguillons de l'envie, en croisant sur les trottoirs un monsieur tout de jaune habillé.

La partie, que j'avais laissée au moment où elle en était aux enjeux de vingt sous, s'était échauffée pendant mon absence. Le tapis commençait à être constellé de pièces de vingt francs. Je ne pus faire moins que de risquer, en un seul coup, les cinq francs d'André Thomas ; c'était même une mise relativement modeste... O bonheur, en trois coups j'avais mon terme ; il est vrai que j'étais en nage ! Que dis-je mon terme ? le banquier m'avait bel et bien allongé deux superbes louis, ce qui faisait dix francs à boire !

Un quart d'heure après, j'étais au café Momus où je trouvais André Thomas ravi d'avoir pu juger de sa chance par procuration.

On manda le patron à qui on fit la commande d'un punch « du coût de deux fois cinq livres parisis. » Sachez qu'à cette époque l'alcool n'était pas frappé d'un impôt aussi élevé que celui d'aujourd'hui ; pour une telle somme on vous servait donc un bol du plus grand modèle. Le patron fit quatre pas en arrière, et prit la pose de la statue de l'Etonnement.

De pareils chiffres étaient en effet inconnus sur la note de nos dépenses journalières.

Le punch bu, et l'heure fatale de la fermeture ayant sonné au beffroi de Saint-Germain l'Auxerrois, nous dûmes partir. Je sortis le dernier de la salle des libations. Mais avant de m'engager dans l'escalier, je pris une pile de plateaux faisant partie du matériel de l'établissement ; c'était pour les faire rouler un à un bruyamment sur les marches. A mesure qu'ils tombaient je comptais tout haut, comme au guichet d'une caisse de banque lorsqu'on y fait un paiement : « Un franc !..., deux francs !!.., trois francs !!!..., » ainsi de suite jusqu'à dix.

Momus était de plus en plus stupéfait, car dans ses rêves de lucre, où chaque nuit il devait appeler Plutus « mon cher et honoré collègue, » il n'avait jamais entrevu de monnaie d'un pareil module. Le sang-froid ne lui revint que lorsqu'il me vit jeter, sur le comptoir, mes deux pièces de cent sous de bon aloi et ayant cours. La déesse, sa femme, n'avait point sourcillé pendant toute cette scène.

Souvenir d'une autre gaminerie :

Après une chaude journée passée à bouquiner sur les quais, Jean Wallon avait accroché sa bibliothéque en drap noisette (c'est-à-dire son paletot) à une patère du café ; et il dormait profondément sur une banquette. Je ne sais quelle influence de liquides affolants nous dominait ce soir là ; Wallon était étendu, de façon qu'une de ses jambes ne touchait le parquet. Je me mis en devoir de tirer sa botte de bon gros cuir, mais mal ajustée ; elle vint avec assez de facilité pour ne pas le réveiller. Un de nous la prit, l'emporta dans la salle du fond, et se mit à verser une carafe d'eau dans son énorme tige. A ce moment Wallon fit un grognement comme si son somme était fini. Le farceur perdit un peu la tête, et déposa vivement sur le rebord de la fenêtre la botte qui manquant d'équilibre, tomba passant à travers un vitrage, pour aller s'abattre sur un billard situé au rez-de-chaussée.

Vous voyez d'ici l'effet de cette botte hydraulique et de cette pluie de verre cassé venant interrompre un carambolage.

L'escalier ne tarda pas à résonner sous les pas précipités de victimes qui criaient vengeance. Momus, accompagné de tous ses garçons, fermait la marche. Wallon était là qui, réveillé en sursaut, et toujours le pied déchaussé, restait hébété devant cette tourbe irritée. Le maître du café tenait la botte et l'agitait d'un air menaçant, ainsi que Samson devait brandir sa machoire d'âne.

Nous étions en nombre ; nous nous empressâmes de faire un rempart à notre ami, tout en demandant à expliquer l'affaire, et, s'il le fallait, à payer le dégat.

— Mais, s'exclamait le patron, dites au moins pourquoi vous...

Sans lui donner le temps d'achever sa phrase, Tabar eut l'aplomb de broder cette histoire: que Wallon était somnambule et qu'il avait cru poser sa botte à l'endroit où il la mettait tous les soirs; qu'il était bien heureux de n'avoir pas fait un mouvement de plus, sans quoi il se précipitait lui-même par la fenêtre, croyant se jeter sur son lit..., qu'alors le carambolage en eut bien autrement été empêché !

— Moi j'ai fait cela, demanda Wallon toujours déchaussé, et dont l'esprit était encore engourdi par le sommeil.

— Mais oui ! répondîmes-nous en chœur. Tabar ajouta même que le somnambulisme punissait immanquablement de leur philosophie hyperphysique, les philosophes hyperphysiciens. Puis s'adressant à Wallon, il lui persuada même qu'il venait de tenir des discours à sa botte en l'appelant « ma bonne vieille; » et qu'il lui avait fait prendre des rafraîchissements, pour s'excuser de l'avoir tant échauffée sur l'asphalte des quais !

A demi satisfaits de notre explication, ou bien voyant que l'on ne pouvait tirer de nous que des excuses paradoxales, les envahisseurs reprirent résignés le chemin de l'escalier. Puis la partie de billard fut reprise où elle en était restée, car nous entendîmes l'un des joueurs qui criait : « 21 à 49 !.. »

Les lecteurs d'un certain âge qui ont vécu à ces époques joyeuses me pardonneront le récit de ces gamineries (je répète le mot;) mais c'est le jugement des froids jeunes gens d'aujourd'hui que je redoute.

XXXIV

LA SCÈNE DE L'HABIT

L'homme que Murger appelle « un envoyé de la Providence » et qui, sans le vouloir ni le savoir, nous prêta son habit, ne s'appelait pas Blancheron et n'était pas rafineur à Nantes ; il avait nom Espérance Blanchon, et tenait de son père une assez belle fortune acquise dans la charcuterie.

Mais je vais vous dire comment la scène s'est passée ; je la connais bien y ayant joué un rôle.

Murger, comme je l'ai déjà dit, partageait avec moi mon atelier de la rue de la Harpe. J'ai hâte d'ajouter que ce fut un des bons moments de ma vie, car j'avais là un compagnon très doux, très accommodant sur toutes choses, et à qui je n'aurais pu reprocher que sa mélancolie persistante. Hélas ! il n'avait que de trop bonnes raisons pour être triste, sa place de secrétaire chez le prince venait de lui manquer, et il ne faisait passer, qu'avec beaucoup de peine, un sonnet ou une maigre nouvelle à la main dans quelque petit journal besogneux. Du reste s'il était triste et pour cause, cela ne l'empêchait pas de comprendre la gaité des autres, au besoin de l'encourager d'un mot bienveillant et dit à propos. J'ai peu connu de meilleur camarade.

Un matin nous étions en train de faire chauffer du café avec des morceaux de papier enflammé, lorsqu'on frappa à la porte. C'était un jeune homme bien habillé portant une lettre de recommandation d'un étudiant ami qui lui avait assuré que j'étais un bon peintre. Il allait, me dit-il, faire une assez longue absence, et il ne voulait pas se mettre en route sans laisser son image à sa mère.

Le prix lui importait peu ; cependant par esprit d'ordre il voulut le connaître. Selon la formule usitée à la foire, je lui répondis: « Si vous êtes content, vous paierez en sortant. »

Cet individu pouvait avoir de vingt-cinq à trente ans. Il était grêlé à tel point que si on lui avait jeté une poignée de petits pois à la figure, il n'en fut point tombé un seul par terre. D'ordinaire, les victimes sauvées de cette horrible maladie sont gaies en se trouvant débarrassés de toutes les mauvaises humeurs. Pourtant il n'en était pas ainsi de notre homme.

Pendant qu'il prenait place dans le fauteuil du patient, je passais derrière la riche tapisserie qui masquait mon lit et l'entrée du grenier me servant de cuisine. J'allais retrouver Murger qui aurait peut-être bu tout le café sans moi. Nous convînmes que, rentré à l'atelier, je débiterais un éloquent boniment à mon client, et qu'à chacune de mes pauses, lui, Murger, caché derrière la riche tapisserie, jouerait un air de tambour de basque.

Eu effet je rentrai en scène avec ces paroles :

— Votre bonne étoile ne vous a pas trompé, Monsieur, lorsqu'elle a guidé vos pas vers ce sanctuaire des arts.

— *Vroumm — vroumm — vroumm!*... (C'était Murger qui, fidèle à la consigne, frictionnait de son pouce mouillé le parchemin de l'instrument.)

— Ne faites pas attention, repris-je, j'ai là un pauvre ami très enrhumé, et qui s'amuse à réciter des vers de l'école du bon sens. Vous avez reconnu le style de Ponsard?... Mais sachez que vous êtes ici chez le peintre de la reine Pomaré, dont il est tant parlé en ce moment.

— *Vroumm!*

— Je suis donc chargé par S. M. insulaire de représenter allégoriquement sept vertus théologales, et non trois, nombre reconnu insuffisant pour faire équilibre aux sept péchés capitaux.

— *Vroumm — vroumm!...*

— Vous sentez dans quel ordre d'idées j'exerce mes talents. Si donc vous n'aviez une conscience pure, une âme sans tâche, il serait inutile de persister dans votre projet de vous faire peindre par moi. Je ne pourrais garantir la ressemblance, et pas même un vague air de famille... vous feriez tourner mon huile !

Le monsieur un peu interloqué répondit :

— Je prendrai mes mesures pour...

— *Vroumm — vroumm!...*

Et il ajouta avec compassion :

— Il ne va pas mieux, votre ami ?

— Eh non, répliquai-je, ces coquins de vers de *Lucrèce* sont d'un froid... Mais nous perdons bien du temps en vains discours, cherchons une pose qui convienne à une toile de 20 et que je puisse rendre avec mes couleurs les plus fines... La tête un peu moins inclinée, s'il vous plait ; plus de souplesse dans le torse ; veuillez lancer un de ces regards qui expriment toutes les joies de la jeunesse unies à celles d'un cœur sans remords... Ayez l'air heureux, sacré nom d'un chien, ou je ne commence pas.

Là dessus Murger sortit de sa cachette, et dit d'une voix naturelle :

— Monsieur ne compte pas se faire représenter en habit ?

— Ce n'est donc pas la mode ? interrogea Espérance Blanchon.

— On a remarqué que l'huile tachait trop ces vêtements de cérémonie.

Je flairai le besoin d'un habit qu'avait Murger, pour aller prendre le thé ce soir là chez un « critique influent » et bien meublé. Nous plaidâmes en faveur d'une redingote, à cause des plis heureux que peut donner sa jupe plus étoffée. Murger offrit la sienne, qui passa immédiatement sur le dos du monsieur. Cela fait, dans l'atelier si bruyant d'ordinaire, on n'entendit plus que le frottement du fusain sur la toile.

A cinq heures et demie le soleil nous faussa compagnie. Mais il était important de ne pas laisser partir Espérance Blanchon, car il eut emporté son habit; aussi nous le retînmes à dîner. Il déclina d'abord notre offre gracieuse, ce qui ne faisait pas notre compte; mais il finit par l'accepter sous cette condition expresse qu'il rembourserait l'argent, et que, pour nous mettre plus à notre aise, on ne dépenserait rigoureusement que la somme représentée par mon travail de la journée. C'était un paiement déjà dû, et non une avance, que nous faisait ce galant homme.

Murger se répandit par la ville et revint avec une caravane de garçons patissiers, de marmitons, de sommeliers apportant des gâteaux à la frangipane, qui un homard et une oie rôtie, qui des bouteilles rouges et blanches avec étiquettes de divers crûs honorables.

Il avait aussi bourré ses poches de plusieurs livres de bougie. C'était en effet sa manie et son luxe de se donner ce qu'il appelait « une fête des lumières. » Les quarante francs du prince russe, au temps où il les touchait, passaient en grande partie à des illuminations intimes. Lui qui ne travaillait que la nuit, n'en avait pas moins la passion du jour, et du jour le plus intense, croyant qu'y voir clair avec les yeux ajoutait à la lucidité de l'esprit. Que voulez-vous ? chacun a sa superstition.

On dina joyeusement malgré la pénurie de vaisselle ; et le dessert prit un surcroit de gaité dû à l'arrivée inopinée de ces dames Mimi et Phémie Teinturière.

Murger était toujours en habit, parce que sa redingote drapait toujours de ses plis opulents la personne de notre jeune charcutier. Il en profita pour s'esquiver et aller se montrer au thé du critique non moins influent que bien meublé.

Je restais donc seul avec la charge d'amuser les convives, et surtout de gagner du temps, car, d'un moment à l'autre, Espérance pouvait avoir la velléité de s'en aller ; et alors comment lui rendre son habit ?...

Dix heures sonnèrent... ; puis onze heures... Point de Murger !

Mon piano me fut d'un grand secours. Aussi ne cesserais-je de recommander aux jeunes gens l'étude du piano, instrument si utile lorsqu'on veut distraire un charcutier de l'idée qu'il aurait de s'en aller en habit comme il est venu. Ces dames se dévouèrent également. Mimi valsa ; Phémie chanta... parbleu moi aussi je chantai ; je soupirai de ma voix de basse cette romance alors si à la mode :

> Dans la noble Venise
> Tout se livre au repos.
> Celle qui m'est promise,
> M'attend au bord de l'eau.
>
> Voici venir la nuit,
> La vague murmure et s'enfuit.
> Belle reviens à moi (*bis*)
> Mon cœur.....

— Ce n'est pas ça, cria Phémie en m'interrompant... Oh ! ces hommes ! Laisse-moi dire :

Et je fus obligé de lui accompagner cette variante idiote, que Nadar avait popularisée et qui, paraît-il, avait pénétré jusqu'à l'atelier de la fleuriste. »

> Voici venir l'ennui,
> La vache murmure et s'enfuit ;
> On veut l'attraper   ⎫
> (Pan, pan, pan)   ⎬ *bis*
>   ⎭
> Mais elle s'enfuit au pays-t-étranger
> T-é-e-e-e-e... tranger.

Phémie n'était pas au bout de son répertoire ; elle passa bientôt à une autre cantilène, également en vogue, et dont elle nous donna aussi une édition poétique revue et corrigée de la sorte :

> Hirondelle gentille,
> Voilant sous sa mantille
> Ton bel œil noir,
> Dis-moi si mon Pédrille (*bis*)
> S'ra là ce soir ?

Murger ne revenait toujours point !... Les douze coups de minuit avaient sonné ; et les bouteilles étaient vides ! Que faire ?... Mimi eut bien encore valsé, mais qu'auraient dit les voisins, au cas bien probable où ils n'eussent point aimé la danse ? Quant à Phémie, j'étais résolu à mettre un frein à la fureur de ses chansons... Par bonheur ma *symphonie sur l'influence du bleu dans les arts* était prête dans ma tête et sous mes doigts ; morceau excellent en pareille circonstance, parce qu'il dure longtemps.

J'attaquai par le fragment intitulé la Marche des Eléphants ; et je fis des explications verbales à n'en plus finir. Le jeune charcutier écoutait ébahi, mais par politesse seulement, car il faut bien l'avouer, l'éléphant lui était un animal incompréhensible, inconnu qu'il est dans le commerce des salaisons.

— Je commence, disais-je, par vous prévenir que nous sommes en ut mineur, avec trois bémols à la clef. Hein, les bémols ne me coûtent guère pour vous faire plaisir ? Combien vous rencontrerez dans la vie de compositeurs avaricieux qui n'en mettraient qu'un ou deux au plus... Mais voyez quel tableau ! Les éléphants s'avancent lourdement, un d'eux tout blanc est en tête, portant sous un dais magnifique le corps de la jeune indienne. Le soleil embrase l'horizon ; il fait chaud, chaud, très chaud... Ici, et pour rendre cet effet, je passe dans le mode majeur, comme vous auriez été le premier à me le conseiller. Pourtant la lune se lève, je reviens au mineur ; c'était indiqué... Entendez-vous maintenant la voix rauque des tigres dans les jungles, entendez-vous aussi cet Indien virtuose qui chante, en vers de trente-deux pieds, les vertus de la jeune trépassée ? Ce serait le hautbois, dans un orchestre européen, qui serait chargé de prononcer ce discours... Ici un oncle de la jeune fille, se mouche bruyamment ; malheureusement la note, que l'on trouve dans la gamme du basson, n'existe pas sur le piano... Les éléphants marchent toujours : *Pan-pan-pan*... Mais à propos de *pan pan pan*, est-ce qu'on ne frappe pas à la porte ?

J'allai ouvrir. C'était Murger, enfin ! Cependant la situation n'était pas aussi tendue qu'on aurait pu croire, parce que Espérance Blanchon était si peu pressé de nous quitter qu'il ne voulait pas s'en aller, mais du tout, mais du tout ! Il nous demanda même la permission de coucher sur notre canapé.

Le lendemain il me fallut reprendre mes pinceaux pour gagner encore commercialement un petit festin qui se préparait. Même vie les jours suivants. Seulement mon modèle me donnait bien du travail et de l'ennui, car sous l'influence des libations, le ton de sa peau changeait souvent, passant de je ne sais quel vert tirant sur le violet, à je ne sais quel jaune tournant au gris.

Donc le portrait n'avançait guère... — Il y a vraiment des mois où l'on n'est pas en train, » disais-je à Murger, qui s'est empressé, dans son livre, de faire des mois des années.

Enfin Espérance qui n'avait jamais tant ri, ne voulait pas nous quitter. On sentait que ce garçon cherchait à s'étourdir. Nous nous demandions pendant les rares absences qu'il pouvait faire, si ce n'était pas un criminel qui ce cachait sous cette enveloppe d'agneau? Quelques mots qui lui étaient échappés sous forme de demi confidence nous rassuraient pourtant. Il devait avoir perdu une personne qui lui était chère, victime, en le soignant, de la terrible maladie qui l'avait défiguré.

Tout cela est fort bien, mais un congé en bonne et due forme m'arriva de mon propriétaire. Le voisin d'au-dessous, un imprimeur lithographe, s'était plaint de ne plus pouvoir dormir ; et la portière avait appuyé sa réclamation. Nous avions ainsi deux ennemis dont il nous fallait tirer vengeance.

Espérance Blanchon avec sa gaité charcutière (un peu lourde) se chargea de l'imprimeur. Il eut la patience de relever sur les affiches du quartier tous les noms des personnes qui réclamaient, aux passants, un objet perdu quelconque. Puis il leur écrivit à peu près en ces termes : « Monsieur (ou Madame,) vous cherchez votre chien (ou votre perroquet, ou votre bracelet...) vous le retrouverez chez M. X., imprimeur lithographe, rue de la Harpe 50. Insistez beaucoup pour le réavoir, car vous aurez à faire à un homme, qui sans être positivement malhonnête, commencera par ne vouloir rien entendre à vos justes revendications.

« Agréez etc... »

Dès le lendemain matin, ce fut chez le lithographe, un vacarme de coups de sonnette et de paroles, que je ne puis reproduire par aucun moyen typographique connu. Nous aurions pu, à notre tour, nous plaindre du bruit qui nous empêchait d'exercer nos professions libérales ; mais nous dédaignâmes une revanche aussi mesquine.

Passons à la portière.

Le docteur Berger m'avait initié à la chasse des animaux les plus répugnants pour laquelle la loi n'exige pas de port d'arme. Je rapportai donc d'une partie de campagne une douzaine de crapauds parfaitement hideux, et je les lâchai dans la cour à une heure du matin. Puis avec l'aide de Murger et de notre charcutier nous confectionâmes un engin, dont voici la minutieuse description avec la manière de s'en servir :

Une balle de plomb dans une éponge ; l'éponge imbibée d'alcool que l'on enflamme au moment voulu, et que l'on descend par la fenêtre dans la cour au moyen d'un long fil de fer. On attend l'heure la plus silencieuse de la nuit pour faire fonctionner ce truc de théâtre, et donner à la concierge qui peut le contempler au travers de ses vitres, le spectacle d'un feu follet comme il ne s'en voit qu'à l'Opéra dans *Robert-le-Diable*.

Tel fut en effet le petit tour de société que nous exécutâmes du haut de notre fenêtre située au cinquième étage. Nous entendîmes un cri de terreur et la loge s'illumina. Le matin venu Murger descendit, et demanda d'un air simple à madame Cerbère, si elle n'avait point de lettres pour lui ? Sans répondre à sa question, elle lui raconta que la maison était pleine de revenants qui faisaient du punch la nuit, et qui n'étaient pas dégoutés de se saouler avec des crapauds ; elle ajouta que ce n'était pas tenable et que lui et ses amis devaient être bien heureux d'avoir congé !

Pendant les cinq semaines que nous passâmes encore dans l'appartement, la loge resta éclairée toutes les nuits.

Mais, comme on va le voir, Espérance Blanchon en était arrivé à la dernière heure de plaisir qui devait sonner pour lui en ce monde. Son portrait terminé, verni, encadré et mis dans une caisse, fut envoyé à l'adresse de sa mère. Là dessus il nous quitta.

Au bout de quelque temps, n'entendant plus parler de lui, nous allâmes au renseignement. Il avait loué une chambre à l'hôtel Corneille sur la recommandation d'un étudiant en droit, qui n'était autre qu'Armand Barthet, le futur auteur du *Moineau de Lesbie*.

Barthet nous apprit que notre nouvel ami venait d'écrire à une personne de sa famille, pour lui donner avis qu'il ne fallait plus désormais le chercher qu'au fond de l'étang du Plessis-Piquet !..

Murger et moi nous courûmes aussitôt au Plessis-Piquet; et nous nous adressâmes au père Cens, le cabaretier voisin. Celui-ci, encore tout haletant d'émotion, nous récita ce navrant fait divers :

Il avait vu le pauvre garçon déboucher de la Fosse-Bazin, par une pluie torrentielle et tenant à la main son parapluie ouvert, (comme s'il avait voulu ménager la redingote de Murger qu'il avait encore sur lui.) Le père Cens crut avec raison reconnaître un de ses clients. Grande fut sa surprise quand il le vit, au lieu de prendre sa gauche, entrer résolument dans l'étang avec son parapluie toujours ouvert... Impossible de rien faire dans ce lieu désert pour empêcher ce suicide, le village est trop loin. Quelques jours après, un domestique de sa mère arriva et le fit mettre dans une bière pour l'emporter en Normandie. On n'en a jamais su plus long.

Dire que ce désespéré mystérieux s'appelait Espérance!...

Mais, avec tout cela, Murger était resté en habit ; et il se trouvait ainsi condamné à se montrer sous cette *pelure* cérémonieuse dans les circonstances les plus vulgaires de la vie, telles que celles d'acheter quatre sous de tabac, ou de prendre un cassis à l'eau chez Trousseville.

XXXV

LA DEMOISELLE AUX PAINS A CACHETER

Voici comment un matin je me trouvai possesseur de quelque chose comme un million de pains à cacheter : en descendant la rue saint-Jacques, ma marche avait été interrompue par un rassemblement de marchands de bric-à-brac. On vendait aux enchères les misérables assortiments d'un défunt papetier. J'entrai par désœuvrement et curiosité de badaud dans la boutique où tout était pêle mêle. A ce moment on mettait sur table un vaste étui à chapeau, dont les dimensions et la forme avaient été prises évidemment sur les tromblons de 1825.

— Trois francs?... y a-t-il acheteur?, dit le commissaire priseur.

— Cinquante centimes ! répondis-je par moquerie.

Je comptais bien que la horde de fripiers qui m'entourait, allait me disputer triomphalement ce bibelot, mais il me fut adjugé parce que personne n'avait dit mot. Dans la rue seulement, je m'aperçus que j'avais fait une assez bonne affaire, car enfin le carton à chapeau contenait des pains à cacheter, qui le remplissaient jusqu'au bord ; il y en avait tant, tant et tant, que j'en offrais, comme on fait des pralines à toutes les demoiselles un peu jolies qui me croisaient sur ma route.

Puis je portai mon emplette chez moi, et je la déposai sur ma cheminée, à l'endroit même où j'avais toujours eu le projet de mettre une pendule. Nous allons l'y retrouver tout à l'heure.

Il faut savoir que cette année là l'idée me trottait de peindre pour le salon une *Bacchante ivre*, dans le style romain familier, que les tableaux de Couture, et les tragédies de Ponsard avaient mis à la mode. De son côté, mon ami Tabar avait en tête une *Calypso*, qu'il voulait représenter inconsolable du départ d'Ulysse. Mais les modèles étant hors de prix, nous convînmes d'en prendre un à frais commun, en lui imposant d'exprimer alternativement l'ivresse de la bacchante, et le désespoir de la nymphe.

Nous fîmes donc marché avec une Rebecca dont la physionomie était très mobile, et qui de corps était faite à souhait pour le double rôle qu'elle aurait à jouer.

Au fond, c'était là une invention assez saugrenue qui ne pouvait amener qu'une scène de vaudeville dès la première séance. Lorsqu'en effet, Rebecca déshabillée eut pris la pose à deux fins dont nous avions besoin, elle avait toutes les peines du monde à changer brusquement ses traits, selon celui qui, de Tabar ou de moi, la regardait. Toujours elle tombait à faux.

— Mais petite malheureuse, lui disais-je, veux-tu rire tout de suite !

— Jamais de la vie ! reprenait Tabar, puisqu'elle ne peut pas se consoler du départ de... Machin.

— Moi je ne connais pas Machin, répondais-je ; elle a bu, elle est paf, il faut qu'elle rie.

— Ah ! si Fénélon le savait !...

Rebecca qui, faute d'éducation, avait mal compris, prétendait qu'elle ne pouvait tout de même pas pleurer ou rire, parce qu'un monsieur Fénelon était parti ou revenu !

— Oh ! la petite bête ! Oh ! la grosse grue ! a-t-on jamais vu une fille plus idiote...

Et nous parlions tous les deux à la fois, Tabar et moi, en essuyant nos pinceaux, car c'était à y renoncer... Puis nous sortîmes pour aller dîner ; et j'avoue qu'un peu méchamment je donnai un tour de clé à la porte pour enfermer notre Calypso ivre, ou si vous voulez notre Bacchante inconsolable. N'était-il pas bon de la mettre en pénitence ? n'était-il pas meilleur encore de la forcer à un repos d'une heure ou deux, dans l'état de fureur épileptique où elle était entrée elle-même?

Je revins seul vers neuf heures... Personne dans l'appartement ; j'en fus inquiet, et je me mis à chercher. Rebecca s'était-elle jetée par la fenêtre ? Ou bien avait-elle fui par la cheminée et les toits, comme un Latude femelle?... Non puisque ses vêtements étaient encore épars sur le canapé...

Enfin j'entendis un ronflement révélateur qui partait de la ruelle de mon lit. La pauvre fille était là allongée, et absolument ivre, parce qu'elle avait découvert dans l'armoire un litre d'eau de vie à peine entamé. Je la fis lever, et je reculai épouvanté en voyant que de la tête aux pieds, elle s'était collé les pains à cacheter du carton à chapeau. Une idée de femme, quoi !

A toutes mes questions, elle ne répondait que par des mots incohérents ; et puis, elle souffrait d'un malaise inexplicable, car en séchant, la pâte des pains à cacheter s'était contractée et lui tirait la peau dans tous les sens. C'est qu'elle s'en était mis littéralement partout. Je la reportai sur le lit où je la roulai dans des couvertures, et je courus commander un bain à domicile.

Une heure après, un bruit de tam-tam, qu'on entendit dans l'escalier, m'annonça que la baignoire arrivait. Le garçon de bain, promenant son regard dans l'appartement, peut-être pour supputer le pour boire à espérer, aperçut le visage et le cou tigrés de la bacchante calypso, et il en resta pétrifié.

— Ne faites pas attention, dis-je à mon homme, c'est une fièvre éruptive, que Madame a rapportée de son voyage à Cognac. Il m'a fallu consulter les plus célèbres docteurs, tellement mon inquiétude était grande. Tous m'ont certifié que, si ces boutons sortaient paisiblement et sans bruit, la malade serait sauvée... Et maintenant c'est bon, allez-vous-en ; je m'en vais faire cuire Madame dans votre grande casserole.

Il n'est pas besoin de dire quel fut l'effet du bain sur les maudits pains à cacheter du papetier de la rue Saint Jacques. Pour ceux de la figure, qui ne trempaient pas dans la baignoire, je fus obligé de m'employer à les enlever en les frottant délicatement avec un pinceau imbibé d'eau chaude. N'avais-je pas l'air de peindre une bacchante ivre ? Ça n'était toujours pas celle que j'avais projetée, et qui ne fut jamais exposée au salon.

XXXVI

UN DINER SUIVI D'UN DÉJEUNER.

On ne se serait jamais douté que Courbet et moi nous dussions faire partie d'une caravane de botanistes en tournée au Hâvre ?... C'est pourtant ce qui arriva un beau jour d'été.

Nous voilà au Hâvre dans la rue de Paris... Courbet découvre à la vitrine d'un papetier de petites marines consciencieusement faites sur galets ; et il demande aussitôt l'adresse de l'artiste, voulant le féliciter. On nous envoie chez M. Boudin, alors tout jeune, et qui depuis n'a pas démenti les espérances que donnaient ses premiers essais.

M. Boudin nous reçut comme vous pouvez le penser, et se mit à notre disposition pour nous piloter dans le pays. Dès le lendemain il nous emmena à Honfleur, et nous installa dans une auberge rustique, à mi-côte de la falaise. Pour le dire en passant, Courbet peignit là deux tableaux : Un coucher de soleil sur la Manche, et une vue de l'embouchure de la Seine avec des pommiers au premier plan.

Mais un matin que nous flânions sur le port, nous eûmes la surprise de rencontrer le poète Baudelaire, quand nous le croyions occupé à cultiver ses *Fleurs du mal*, dans un hôtel de la rue Mazarine.

Tous les « oh ! » et tous les « ah ! » cités dans la grammaire, au chapitre des interjections, sortirent à la fois de nos trois poitrines.

Baudelaire nous expliqua qu'il était en villégiature forcée chez sa mère qui possédait une maison de campagne aux environs de la ville ; et il ajouta : « Je vous emmène dîner et je vous présente à elle. »

Nous étions fort embarrassés, car nous n'avions pas apporté de toilette ; nos vareuses de voyage étaient même dans un état pittoresque peut-être, en tous cas déplorable. Mais notre ami insista sur un ton presque impérieux ; aussi nous fut-il impossible de lui résister.

Je vois encore mon Courbet plié en deux pour offrir le bras à la maîtresse de maison, qui était de petite taille, et suivi comme aide-de-champ de ma non moins grotesque personne !... Le dîner, très luxueusement servi, fut charmant de tout point.

Quel dessert plein d'aménité, et comme nous aurions été gais si les convenances ne nous avaient forcés à mettre des gants à notre conversation, pour remplacer ceux qui nous manquaient aux mains. Nous prîmes le café sous une véranda remplie de plantes rares, de laquelle on pouvait voir tous les astres se lever ou se coucher dans les flots.

Vers neuf heures, nous quittâmes pourtant ce lieu enchanteur, mais c'était pour retourner à Paris de nuit. Baudelaire nous accompagna jusqu'au bateau ; il fit mieux, il s'embarqua, puis, de plus fort en plus fort, il prit le train avec nous au Hâvre !...

Que signifiait cet empressement exagéré à reconduire ses hôtes ? En nous suivant, notre ami un peu fantasque profitait de l'occasion qui se présentait à lui de s'évader de chez sa mère.

— C'est que, nous dit-il, dans le wagon, la campagne m'est odieuse, surtout par le beau temps. La persistance du soleil m'accable ; je me crois encore dans l'Inde où la continuité monotone de son rayonnement jette dans la torpeur plus de cent millions d'êtres humains en comptant les Anglais... Pardon ! je ne les compte pas, car, au fait, je sais leur langue, ce qui m'oblige à une certaine politesse envers eux. Je traduis même en ce moment Edgar Poë... Ah ! parlez-moi des cieux parisiens toujours changeants, qui rient et qui pleurent selon le vent, sans que jamais leurs alternances de chaleur et d'humidité puissent profiter à de stupides céréales... Je froisserai peut-être vos convictions de paysagistes, mais je vous dirai que l'eau en liberté m'est insupportable ; je la veux prisonnière, au carcan, dans les murs géométriques d'un quai. Ma promenade préférée est la berge du canal de l'Ourcq... Quand je me baigne, c'est dans une baignoire ; j'aime mieux une boite à musique qu'un rossignol ; et pour moi, l'état parfait des fruits d'un jardin ne commence qu'au compotier !... Enfin, l'homme soumis à la nature m'a toujours semblé avoir refait un pas vers la sauvagerie originelle !

De paradoxes en paradoxes et de stations en stations, nous étions arrivés à la gare Saint-Lazare. (Mais quelle drôle de manière d'aller herboriser en Normandie !)

Il était peut-être huit heures du matin, Courbet nous quitta ; mais il fut décidé entre Baudelaire et moi que nous déjeunerions ensemble. Baudelaire, qui avait quitté la maison maternelle, comme il vient d'être dit, n'avait que trois francs. Je fouillai dans ma poche, et je n'y trouvai que l'espoir de vendre quelques gravures au « père Médicis. »

Le père Médicis?... « On appelait ainsi, a dit Murger, un juif nommé Salomon, et qui à cette époque, était très connu de toute la bohême artistique et littéraire, avec qui il était en perpétuels rapports. Le père Médicis négociait dans tous les genres de bric-à-brac.

« Il vendait des mobiliers complets depuis douze francs jusqu'à mille écus. Il achetait tout et savait le revendre avec bénéfice... Il vous donnait des cigares contre un plan de feuilleton, des pantouffles contre un sonnet, de la marée fraîche contre des paradoxes ; il causait *à l'heure* avec les écrivains chargés de raconter dans les gazettes les cancans du monde ; il vous procurait des places dans les tribunes des parlements, et des invitations pour les soirées particulières ; il logeait à la nuit, à la semaine ou au mois les rapins errants, qui le payaient en copies faites au Louvre d'après les maîtres. Les coulisses n'avaient point de mystères pour lui. Il vous faisait recevoir des pièces dans les théâtres ; il vous obtenait des tours de faveur. Il avait dans la tête un exemplaire de l'Almanach des vingt-cinq mille adresses, et connaissait la demeure, les noms et les secrets de toutes les célébrités même obscures. »

Ce négociant en bric-à-brac a donc vécu. Je l'ai connu ainsi que sa fille, jeune personne remarquablement vertueuse, bien qu'elle exerçât la profession décolletée de modèle d'atelier. Il tenait boutique rue du Musée, dans cette petite ville, que n'a point connue la génération actuelle, et qui couvrait une partie de la place du Carrousel.

Enfin le sage Salomon examina avec soin, et même avec défiance, les estampes que j'avais été prendre chez moi, et il les estima quatre francs, somme qu'il me bâilla comptant.

Me voilà parti avec Baudelaire. J'avais encore mon appétit du bord de la mer. Pourtant il me fallut attendre, parce que mon compagnon voulut s'arrêter rue de la Sourdière, chez un barbier qui le rasait au mois.

— Je ne puis me mettre à table sans faire mes ablutions, me dit-il, et je suis musulman en cela... (Puis, s'adressant au garçon qui avait commencé à peindre sa joue en couleur savon :) Vous ne vous rappelez donc pas ce que je vous ai dit la dernière fois ? Veuillez vous laver les mains ; je répugne au contact de doigts graisseux et odorants.

Par respect humain, j'étais mal à l'aise pendant cette leçon de propreté donnée à l'élève de Figaro. Mais je me plongeai dans la gazette du jour. C'est avec peine que le travail se termina, souvent interrompu par les observations maniaques du patient.

Baudelaire me dit en sortant qu'il savait un petit restaurant où nous ferions un repas agréable. Et il m'emmena chez un marchand de vin du faubourg Saint-Honoré. Je m'aperçus, en effet, qu'il était très connu dans cette maison, fréquentée par les domestiques du voisinage, qui y venaient dire du mal de leurs maîtres. Nous passâmes dans l'arrière-boutique, et un garçon, paraissant dressé à ce service, mit nos deux couverts sur une grande table ronde.

Ensuite, et ce fut tout le menu, arriva un magnifique morceau de fromage de brie, jaune et onctueux, qui s'étalait dans une assiette à filet doré. Il était accompagné de deux bouteilles d'un bordeaux authentique que le patron vint lui-même déboucher avec un soin pieux.

Mon ami, prenant un couteau à manche d'ivoire, me coupa une part du fromage ; puis, il me versa la purée septembrale dans un verre mousseline, tout en m'invitant à commencer la fête.

— Mais, lui dis-je, est-ce que nous débutons par le dessert? Ce serait peut-être encore une mode orientale ?

Il me répondit :

— Vous avez droit, mon cher Schanne, à un mot d'explication. Je suis gourmet par excellence, et quand je ne puis me procurer un festin digne de moi, ce qui ne m'arrive que trop souvent, je procède toujours ainsi. Par un facile effort d'imagination, je me figure être arrivé au dernier acte d'un excellent repas où tous les mets étaient à la hauteur du fromage et du vin que nous absorbons en ce moment... Remarquez que ce bordeaux est merveilleux, d'une grande finesse, ainsi que d'une couleur splendide dans le cristal. Il est à la fois la joie de la vue, de l'odorat et du gout!!! C'est un dieu à trois têtes, comme ceux qu'adorent les boudhistes, et il ne coûte que trois francs !

Tout en laissant dire, je l'observais, et je commençais à m'expliquer son nez légèrement rosé qui se détachait sur son visage d'un blanc mat. Il buvait en artiste et ne se grisait jamais.

Cependant sa péroraison me fit rire, il s'en étonna, et je dus, bravant sa manière de voir, lui déclarer qu'étant d'une pâte moins fine que la sienne, un beef-teack aux pommes, avec du vin plus ordinaire, ferait aussi bien mon affaire.

La discussion sur ce thème ne se termina qu'au Divan Le Peletier, devant une tasse de moka, accompagné d'un très bon cigare qu'il me mit entre les lèvres pour les réduire au silence.

Lorsque je le reconduisis, ce ne fut point rue Mazarine, où il avait sa chambre de garçon, mais place Vendôme, chez sa mère, remariée en secondes noces au général Aupick, commandant de l'armée de Paris.

Nous causâmes encore devant la porte ; et je voyais mon Baudelaire, assez inquiet, tourner la tête dix fois par minute, comme guettant quelque chose... Enfin il me quitta brusquement et courut s'enfourner sous le porche de l'hôtel.

Cette façon de dire adieu, en ne le disant pas, n'était guère de l'homme poli que j'avais pour ami. Du reste, il s'en expliqua le lendemain.

— Que voulez-vous, me dit-il, je ne me sens jamais bien rassuré lorsque je passe auprès des factionnaires, gens illettrés pour la plupart, et qui n'en portent pas moins des armes dangereuses. Celui d'hier n'avait pas l'air d'un mauvais garçon, mais il aurait pu, comme d'autres dont on a parlé, être pris d'un accès de folie subite, pendant sa fastidieuse promenade... Et, dame! un coup de baïonnette serait si vite attrapé !

XXXVII

Do, ré, mi, fa, sol, la, si, do

Murger m'ayant représenté plus volontiers devant mon piano que devant mon chevalet, je dois retracer ici le tableau de ma vie musicale depuis le commencement.

Voici comment l'amour de la musique m'était venu : Camille De Vos, (aujourd'hui directeur de la *France chorale*, était en 1839 un des élèves de l'atelier Delaroche. Je l'avais connu au Louvre, où nous dessinions côte à côte. Un soir, il m'emmena dans sa famille pour me faire juger de son habileté sur le piano. Il me joua diverses de ses compositions, entre autres la romance du *Bal* dont les paroles étaient du jeune poète Henri Murger. Je sortis émerveillé.

Bientôt après j'entrais en relations avec Louis Soumis, déjà en possession de ce talent d'accompagnateur qui lui valut plus tard d'occuper (pendant vingt-sept ans,) une place de maître du chant à l'Opéra-Comique. C'en était fait, la musique me débauchait de la peinture ; du moins je ne savais plus ce que je préférais des sept couleurs de la palette, ou des sept notes de la gamme.

A peine eus-je acquis quelques éléments de solfège chez Dauwe, puis chez Mainzer, que je voulus à tout prix faire acte de musicien. Ce fut alors que je m'engageai comme choriste basse dans une troupe lyrique qui promenait la *Dame blanche* à travers les théâtres de la banlieue. A seize ans, on me vit donc en montagnard écossais, sur les escarpements de Montmartre, les feux de la rampe ne me faisaient pas peur ; j'y étais aguerri depuis ma figuration aux Variétés dans ma première jeunesse. Bien mieux, pendant plusieurs mois, ce fut ma fantaisie de chanter des chœurs d'opéra ; et je ne tardai point à entrer à la Renaissance-Ventadour où je fis ma partie dans la *Jacquerie*, de Mainzer (octobre 1839.)

Mais un piano manquait à mon bonheur. J'en trouvai un, ou ce qui y ressemblait presque, chez un brocanteur allemand de la rue de l'Arche-Marion, qui était à la fois tailleur et facteur, ne faisant que le vieux. C'était un Erard signé, et daté de 1782 ; je ne le payai que trente francs. Le prix peut paraître dérisoire ; cependant, je suis d'autant plus en état de l'affirmer que je sais, pour ne le jamais oublier, ce que m'ont coûté ces malheureux trente francs à gratter sou par sou sur les quarante centimes quotidiens qui étaient le budget de mon déjeuner.

Me voilà donc dans mon petit logis de la rue du Fouarre, face à face avec une mécanique dont j'ignorais le secret. Cependant j'eus la hardiesse de m'asseoir devant et d'essayer d'en faire sortir des airs en frappant les touches du bout de mon index.

Mais après la mélodie, l'harmonie, et toujours par tâtonnements. Mon petit doigt de la main gauche étant fixé sur une note quelconque, un autre doigt, guidé par l'oreille, trouvait la tierce majeure ou mineure ; il en était de même pour la quinte et l'octave de la tonique. Oh ! joie, c'était l'accord parfait que je venais de découvrir.

Un désir me brûlait, c'était de jouer la *Dernière pensée de Weber* (qui d'ailleurs est de Ressiger.) J'achetai donc sur les quais un exemplaire de ce petit chef-d'œuvre ; et j'eus pour la même pièce de quinze sous, monnaie encore en usage, la *Méthode de piano*, de Viguerie. Au bout de deux mois, je parvins à tapoter la *Dernière pensée*, ainsi que les airs contenus dans la méthode, tels que : *Le Clair de la lune*, *Papa les petits bateaux*... Mais quelle patience et surtout quelle résolution il fallait à un peintre pour passer des heures devant l'ivoire jauni d'un Erard de trente francs. Si je m'endormais vaincu par la fatigue, je rêvais que j'étais un dentiste qu'une vieille Anglaise avait chargé de réparer son râtelier de cinq octaves.

A peine mes doigts avaient-ils appris leur chemin à travers les touches blanches et les touches noires, que des velléités de composition se déclarèrent en moi. Je mis donc le nez dans le *Traité d'harmonie* de Catel. Mais, sans maître, il me fut bien difficile de me reconnaître au milieu de ce labyrinthe des accords consonnants et dissonnants, qui sont tantôt directs, tantôt renversés; je m'égarais aussi dans les anticipations, les retards et les appogiatures. C'est Olivier Métra qui plus tard m'aida à voir clair dans ces ténèbres. Je lui dois une partie de mon petit savoir, parce que c'est lui qui, le premier, me força à me servir de la plume, l'outil avec lequel on apprend toutes les langues, même la langue musicale. Les excellents conseils de Demarquette, le pianiste compositeur timbalier au besoin, m'ont beaucoup profité aussi.

Avec tout ça je ne devenais pas un virtuose bien remarquable sur le piano, parce que j'étudiais sans maître ; j'avais pour moi-même les plus impardonnables complaisances quant à la mesure ; ralentissant autant qu'il m'était commode dans les passages où se trouvait la moindre difficulté de mécanisme, puis, reprenant *accelerando* une fois que j'avais sauté le mauvais pas. C'était détestable.

Heureusement, je rencontrai un métronome vivant dans la personne d'Auguste Vitu : et je ne l'ai pas oublié, à lui je dois d'avoir discipliné mes jeunes phalanges. Du reste, c'était bien le fait d'un esprit qui avait déjà l'agilité dans la clairvoyance, et la souplesse unie à la fermeté ; il lisait à première vue paroles et musique d'un morceau de chant quelconque. Que de longues et profitables promenades nous avons faites ensemble à travers les partitions d'opéra qui s'amoncelaient par douzaines dans sa bibliothèque ou sur son piano.

Et puis nous composions! En cherchant à pénétrer les mystères de l'harmonie, le futur critique du *Figaro* acquérait ainsi sans s'en douter les connaissances positives qui, plus tard, devaient donner tant d'autorité à ses appréciations sur la musique des autres. Peut-être ne se souvient-il plus d'une mélodie qui lui vint un soir sur ces paroles engageantes de Banville :

> L'eau dans les grands lacs bleus
> Endormie,
> Est le miroir des cieux:
> Mais j'aime mieux les yeux
> De ma mie.

Dans le cas où, par modestie, Vitu n'eut point gardé cette romance dans sa mémoire, je serais en état de la lui chanter, car elle est de celles que l'on retient.

Nos bonnes orgies de doubles-croches avaient lieu quelquefois chez moi, plus souvent chez lui.

Il habitait alors un pavillon avec jardin rue des Martyrs. Son propriétaire (sans doute un ancien corsaire), avait eu la fantaisie d'agrémenter la cour d'un bassin peuplé de poissons rouges, et qui présentait une réduction du port du Hâvre; si l'eau eût été salée, et si les poissons n'eussent point été rouges on se fût laissé prendre à la ressemblance de ce *fac simile* lilliputien.

Du reste, hasard singulier et dont je n'ai eu qu'à me louer, ce furent presque toujours des hommes de lettres qui m'éclairèrent sur la musique. Concurremment avec les conseils de Vitu, je pus profiter de ceux de Uchard et de Barbara. Uchard, qui depuis est allé se perfectionner en Italie, d'où il a rapporté son petit nom de Mario, avait dans ce temps là une charmante voix de ténor. Ce n'est pas sans fruit, croyez-le, que je l'ai entendu répéter si souvent devant moi la leçon qu'li venait de prendre de Delsarte, le grand professeur. Il m'ouvrait des horizons sur l'œuvre des maîtres ; il m'en faisait saisir le sens, et par conséquent admirer les beautés.

J'essaierai tout à l'heure de payer ma dette de reconnaissance à Charles Barbara, mais avant je tiens à dire la circonstance qui me força à étudier mes gammes sur le clavier.

J'habitais alors avec mon ami le peintre Tony de Bergue, rue du Petit-Lion-Sauveur : infidélité passagère faite à mon cher Quartier Latin. Un jour le commissaire de police me fit appeler. Que pouvait-il avoir à dire au bon citoyen que je prétends être ?... Voilà : un quidam que j'avais pour voisin de l'autre côté de la rue, professait le grec ; et comme je jouais du piano et non de la lyre, je lui étais insupportable. Il s'était donc plaint. Le commissaire me lut les règlements qui sont peut-être justes, mais qui sont sévères ; et il ajouta qu'il était obligé de me considérer comme exerçant un « état à marteau. » J'étais bien et dûment averti que mon *bruit* ne devait commencer qu'au jour en hiver et à six heures du matin en été pour finir à dix heures du soir.

Fort bien, mais, en bonne conscience, je ne pouvais régaler de la *Dernière pensée de Weber* l'ennemi que je venais de me découvrir. Alors, je voulus achever de l'abrutir en l'horripilant de mes gammes majeures et mineures, montantes et descendantes. Très tenace dans ma rancune, je le maintins pendant des mois à ce régime. Parfois, il ouvrait sa fenêtre ; c'était pour m'insulter dans un charabia qui était peut-être du grec, et que les habitants peu lettrés de ce quartier devaient prendre pour une sorte de bas-breton mêlé d'auvergnat.

Lorsque je jugeai à propos de mettre fin à son supplice, je fus tout étonné d'avoir acquis une agilité de doigts, qui me manquait avant cette heureuse rencontre.

Murger a pris bonne note de l'aventure qu'il a arrangée comme l'on sait dans son chapitre intitulé *La Toilette des Grâces.*

Ainsi donc, je tenais de Mainzer les premières notions du solfège ; de Mario Uchard la connaissance et le goût des chefs-d'œuvres du répertoire vocal ; d'Auguste Vitu le sentiment du rythme et de la mesure ; de Métra les principes de l'harmonie ; d'un helléniste du quartier de Saint-Denis, la dextérité de mes phalanges. Ce fut Charles Barbara (le Barbemuche de Murger,) l'auteur des *Histoires émouvantes* et de l'*Assassinat du Pont Rouge*, qui m'apprit l'alto.

Vers 1848, j'avais pris à frais communs, avec Champfleury, un appartement dans la maison de la rue de la Sorbonne qui touchait au monument. Mon compagnon, ainsi qu'on le sait, était très habile sur le violoncelle, ce qui nous attirait les fréquentes visites du violoniste Barbara. Mes deux amis exécutaient avec passion les duos de Corelli. Et moi je n'avais rien à faire, si ce n'est de me délecter et d'applaudir.

Ambitionnant un rôle plus actif, je demandai à Barbara, qui y consentit, de vouloir bien m'initier au maniement des instruments à cordes.

Dès le lendemain, j'avais un alto dans une main et un archet dans l'autre. — Qu'est-ce que tu as donc fait de ton *Manuel du parfait bouvier*? (me dit Barbara en entrant), il a l'épaisseur qu'il nous faut... » Je ne comprenais pas, d'abord, ce que l'art d'élever les bœufs pouvait avoir de commun avec l'art musical. Mais je fus bientôt éclairé à ce sujet, quand Barbara, plaçant le bouquin sous mon bras droit, me dit : « Voilà ce que c'est : tu auras soin de ne pas le laisser tomber, pendant tout le temps que durera la leçon. » Il voulait par là me faire contracter l'habitude de tenir le coude au corps.

Lorsque, plusieurs mois après, Wallon-Colline vint me réclamer son *Manuel du parfait bouvier* qu'il avait oublié chez moi, je n'en avais, dieu merci! plus besoin, ayant discipliné mon humérus comme il le fallait.

Combien d'années consacrai-je à ces pénibles études? je ne le sais plus. Ce qui est certain c'est que j'avais la passion de mon nouvel instrument; je me réveillais exprès la nuit pour frotter quelques gammes sur ses cordes; je l'emportais même dans mes voyages pédestres à travers la Bretagne, où il me valait des invitations à toutes les noces.

Sans me donner pour un virtuose, je puis bien me vanter d'avoir été en état de remplacer plusieurs fois à l'orchestre du Théâtre-Lyrique le chef de pupitre des altos (lequel en ce temps-là était Olivier Métra).

J'ai fait notamment ma partie dans la *Pie voleuse*, de Rossini, et dans *Si j'étais Roi!* d'Adolphe Adam. Par aventure, j'ai aussi pris pendant quelques soirs l'archet de Ganidel, à l'Elysée-Montmartre... Vous vous souvenez bien de Ganidel, un des convives de ma crémaillère de l'Hôtel de Sens, et qui de chirurgien de marine était devenu musicien de bal ?...

Mais il faut que je dise comment j'ai connu Métra. Des séances hebdomadaires de quatuors s'étaient organisées chez moi. Barbara faisait le premier violon, Champfleury le violoncelle, moi l'alto. Quant au second violon, il était difficile de lui trouver un titulaire assidu et fidèle. Un nommé Klemmer vint à notre secours en nous amenant Métra, qui était son camarade des classes du Conservatoire et de l'orchestre du Théâtre-Lyrique. Nous fûmes ravis de notre nouvelle recrue, qui était un garçon d'un caractère doux et à la fois enjoué; d'ailleurs, trop bon musicien pour ne pas comprendre que toutes les parties sont également intéressantes dans un quatuor, ce qui fit qu'il ne chercha jamais, comme ses prédécesseurs, à supplanter Barbara dans son emploi de premier violon.

Il faut d'ailleurs convenir que, si égalitaire que soit la petite république du quatuor, elle a toujours un président qui est le premier violon, et que chez nous, cette magistrature appartenait de droit à Barbara, dont le talent de virtuose s'alliait à un profond sentiment des beautés contenues dans les maîtres. C'est lui qui maintint, pendant des années, Beethoven à notre répertoire, d'abord limité à Haydn et à Mozart.

Laissez-moi à ce propos vous citer un passage de ses *Histoires émouvantes*, dans lequel il parle de l'auteur des neuf symphonies :

« Dès le début de l'adagio, je fus entraîné au travers du monde des réalités navrantes ; la suavité des sons eût fait croire aux vibrations d'une voix magnifique. D'une tendresse profonde, le chant atteignait graduellement au pathétique et amenait les larmes dans les yeux. On n'y trouvait point trace de ce sentiment fébrile, poignant, déchirant qui coule à flots dans les compositions maladives de quelques Italiens modernes, et aussi dans les mélodies énervantes du tendre Schubert ; c'était cette mélodie forte, saine, du génie robuste, qui, loin de dédaigner la vie, en accepte les douleurs et essaie de s'en consoler et d'en consoler autrui à l'aide de plaintes touchantes, mélancolie dont sont empreintes notamment les œuvres de Beethoven. »

Le souvenir de mes quatuors m'est toujours présent ; pendant ma jeunesse, un peu turbulente, je n'ai pas eu de plaisirs plus paisibles. Et pourtant un soir, quelle bagarre, quel tumulte !...

Nous venions d'attaquer le tranquille andante du *Lever de l'Aurore* d'Haydn, lorsqu'un coup violent, retentissant à la porte, nous fit exécuter un point d'orgue non marqué sur nos parties. J'allai ouvrir, et je fus bousculé par un officier de marine qui entra perdu de fureur.

— M. Métra est là ? Ah ! bien je l'aperçois ! (disait le jeune aspirant d'une voix étranglée). Il sera giflé, et devant vous, messieurs... j'y tiens !... Car sa conduite est infâme !... Le monstre !... Et ça joue du violon encore !... Attends ! Attends !!

Pour des musiciens qui ont l'oreille sensible le timbre vocal de l'officier dénonçait assez son sexe. Lorsque nous fûmes parvenus à repousser dans l'escalier, cet, ou plutôt cette énergumène, cet *olibrius*, je veux dire cette *olibria*, Olivier Métra nous apprit que nous avions eu affaire à Mlle X. de Bobino, envers qui il avait eu... des torts. Pourquoi avait-elle pris ce costume ? Parce qu'elle venait de jouer dans une pièce où son rôle le lui imposait. Du reste, après l'orage, le soleil d'Haydn se leva, et ce fut une aurore d'autant plus radieuse.

Métra attirait les foudres féminines, voilà ce qui était bien acquis. Je ne continuai pas moins à vivre près de ce bon compagnon, dussé-je braver les secousses électriques qui étaient fréquentes dans son voisinage. Il demeurait alors rue de Chabrol, où il me donnait des leçons d'harmonie. Souvent, après mon devoir corrigé, nous déjeunions en pique-nique. Chacun de notre côté, nous allions aux provisions. J'avais alors un paletot avec des poches à la Colline, et je trouvais moyen d'y fourrer deux sous de braise achetée chez le boulanger en même temps que le pain. Métra, toujours en habit, se chargeait des beefteacks que leur platitude rend faciles à dissimuler dans les pans. Puis nous nous retrouvions devant la porte de la maison, et nous passions devant le concierge en nous donnant l'air de deux agents de change qui causent négligemment de la cote du jour.

L'alto ne suffisant bientôt plus à mes appétits de jeune virtuose, je passai au trombone. Mais quel travail corporel ! car le *Parfait bouvier*, qui est un livre mince, m'avait fait prendre le pli de garder le coude au corps, et il me fallut le remplacer sous mon bras par un *Bottin* pour m'habituer à plus d'amplitude dans les mouvements.

Le goût du cuivre qui me venait, m'avait été communiqué par Bibi. Bibi, que l'on n'a jamais connu sous son vrai nom, était un jeune bazochien marseillais, ayant déserté l'Ecole de droit pour le Conservatoire. Il dirigeait au Prado, les jours où l'on ne dansait pas, une fanfare composée en grande partie d'étudiants. Or, il y avait pénurie de trombones dans son petit orchestre, c'est pourquoi il m'engagea à apprendre cet instrument, après inspection de mes lèvres. Me voyant hésiter, son dernier argument fut que rien ne serait seyant à mon genre de physionomie comme un pareil engin, et que, quand j'aurais à allonger la coulisse pour donner le *si naturel*, mon nez disparaîtrait par comparaison.

Au bout de deux mois d'étude, sous la direction d'un élève du Gymnase musical militaire, j'étais en état de faire le troisième trombone au Prado. Mais je travaillais toute la journée, l'hiver horizontalement dans mon lit, l'été verticalement, et en ayant soin de ne me vêtir que de mon jupon constellé d'étoiles, à cause du surcroît de chaleur que donne un tel exercice.

« Cette Fanfare des Ecoles » (qui existe toujours), ne fut pas longtemps conduite par Bibi. Elle passa sous la direction de Vincent, étudiant en médecine ; puis, successivement sous celles de Michaud, qui fut chef du bureau des beaux-arts à l'Hôtel de Ville, et de Jules Bourdon, actuellement conservateur du matériel de l'Opéra. Ce n'est pas seulement au Prado qu'on pouvait l'entendre ; au besoin, elle jouait aussi en plein air. On la vit, en 1848, accompagner jusqu'à Vincennes les quinze ou vingt jeunes exaltés qui partirent, comme l'on sait, pour « soulever la Pologne. »

Je fus donc de cette promenade *militaire* ; et il me souvient qu'en passant à la barrière du Trône, nous reçumes d'Edgard Ney, avec beaucoup de chaudes paroles, un drapeau bleu et blanc.

Autre souvenir : vers ces temps-là, un de mes copains de la fanfare vint me trouver pour me prier de le remplacer, le soir même, au théâtre des Batignolles, où l'on jouait le *Chalet*.

— Vous êtes bon lecteur, me dit-il, et vous saurez très bien ne pas manquer une note à première vue.

En effet, me voilà à mon pupitre. Nous attaquons l'ouverture, et, ma foi, sans vouloir me vanter, je vais jusqu'au bout sans trop d'accrocs... Que dis-je, jusqu'au bout?... bien au-delà ! car le morceau était fini, et on allait lever le rideau, que je m'acharnais encore à pousser des notes tonitruantes.

Le chef d'orchestre, effaré par un solo si imprévu, sautait comme un diable à ressort sur son tabouret, Je l'entendais bien me parler, mais je ne voulais connaître que ce qui était sur le papier réglé.

— Assez ! me criait-il.

Et moi je lui répondais impertubablement :

— *Ré, la, fa dièze, ré.*

— Assez ! on vous dit !

— *Ré, ré...*

— Eh ! là-bas !...

— *La, la, fa dièze, fa dièze, ré, ré.*

— Finissez !... Qu'est-ce que ça signifie ?... Sacré nom !!!

— *Ré.............. ré.*

L'affaire ne pouvait pas en rester là. Pendant l'entr'acte, j'eus à m'expliquer devant le chef; mais j'avais en main la preuve écrite de mon innocence, c'est-à-dire la partie de trombone qui portait les notes superflues et si abusives qu'on me reprochait.

— C'est bien, me dit-il ; je comprends.

Ce qu'il avait compris, c'est ce que je n'avais pas deviné, moi ancien rapin faiseur de charges ; c'est qu'avant mon arrivée, les loustics de l'orchestre s'étaient amusés à me calligraphier quatre mesures supplémentaires.

Comme on le voit, je faisais de temps à autre quelques infidélités à ma Fanfare des Écoles. C'est ainsi que, sous le Gouvernement provisoire de 48, je m'étais laissé incorporer dans la grande musique municipale composée de cinq à six cents exécutants. Tous les soirs, nous donnions un concert, et vraiment pas trop mauvais, sur la place de Grève. Armand Marrast, maire de Paris, nous invitait ensuite à nous rafraîchir.

Mais ce que nous appelions « nous rafraîchir », c'était de manger, tout en buvant, forces tranches de gigots et de jambons, que l'on trouvait servies dans les cours du palais, dans les vestibules et jusque sur les paliers d'escalier. J'ai soupé plus de quinze soirs à ce joyeux bivouac.

Quand on découpe un gigot, il n'est pas étonnant de rencontrer un Anglais flânant dans les environs.

Je fis donc à l'Hôtel de Ville connaissance d'un de ces insulaires, qui m'embaucha comme musicien pour un spectacle bien singulier qu'il allait donner à grands frais dans les jardins du Château-Rouge. N'avait-il pas la prétention de restaurer et de remettre à la mode les tournois des temps chevaleresques? La fête eut lieu, en effet, selon les us et avec les accoutrements de l'an de grâce 1348. Mais elle se donna de toutes façons aux dépens de mon Anglais, qui, ayant pour adversaire un robuste garçon boucher, fut du premier coup de lance, envoyé sur le sol, où il tomba en rendant un bruit de ferraille. Et moi, du haut de l'estrade où l'on m'avait perché, je soupirais mes notes les plus suaves, pendant que le patron recevait archéologiquement sa *râclée* moyen âge.

Ce que c'est que la trombonomanie! Il ne me suffisait pas d'appartenir déjà à la Fanfare des Écoles et à la Fanfare Municipale, je pris aussi du service dans celle de la 11º légion de la garde nationale. Un des principaux offices de cette bande musicale était d'aller, tous les douze jours, chercher le drapeau à la Chambre... Passez-moi encore cette gaminerie : comme je marchais sur la première ligne et que j'avais devant moi la cantinière, je m'amusais à heurter la pauvre fille avec la coulisse de mon trombone. Les premières fois, elle ne dit rien et se contenta d'allonger le pas. Mais devinant une intention taquine, de ma part, elle finit par me faire une scène un matin que nous étions arrivés à la mairie du onzième, où se terminait notre promenade militaire.

— Vous êtes encore assez maladroit, monsieur le musicien, me dit-elle, il me semble que vous pourriez faire attention avec votre diable de mécanique ?

— Eh ! quoi ! ma chère enfant, parce que je vous ai attrapée deux ou trois fois dans le dos ?

— Si encore c'était dans ce que vous dites ?... Mais vous êtes plus inconvenant que cela ?

— Que voulez-vous ? moi, je fais la note qui est écrite. Voyez ma partie : le *do* est *bémol*.

XXXVIII

LA « VIE DE BOHÈME » PIÈCE EN CINQ ACTES

C'est dans les derniers mois de 1847 que Murger commença à écrire les scènes de *la Vie de Bohème* et le journal satirique *le Corsaire* les publia dans le courant de 1848. Par une curieuse coïncidence, celui qui en ce monde devait avoir la primeur du livre était Champfleury, lequel, rédacteur lui-même au *Corsaire*, en corrigeait aussi les épreuves à l'imprimerie.

Les historiens de la menue histoire littéraire ne seront pas fâchés d'apprendre qu'en ce temps-là Murger habitait dans un hôtel au n° 78 de la rue Mazarine. Il occupait une chambre du troisième étage. Et voyez comme, dans la mêlée des existences parisiennes, le hasard se plaît parfois aux plus singulières juxtapositions : qui, notre ami, avait-il pour voisin demeurant immédiatement au dessous de lui ? Proudhon.

J'allais souvent surprendre Murger aux heures de travail. Le succès de ses premiers chapitres parus l'avait transfiguré ; il y avait en effet quelque gloire pour lui à avoir obtenu du public un moment d'attention en une pareille année. Mon Dieu, je ne veux pas dire que Mimi ou Phémie-Teinturière, que Rodolphe ou Schaunard tenaient une place égale à celle de M. Lamartine dans l'esprit du peuple français ; mais n'était-ce pas déjà beaucoup que dans le tohu-bohu des personnalités bruyantes, nées chaque jour des événements politiques, on eût remarqué ces petits bonshommes et ces petites bonnes femmes, et que l'on ait su leurs noms ?

Les feuilletons devinrent livre, et, bientôt après, le livre devint pièce de théâtre.

Le 22 novembre 1849, les Variétés affichaient la première représentation de la *Vie de Bohème*, pièce en cinq actes mêlée de chant, de Théodore Barrière et Henry Murger.

Les rôles étaient ainsi distribués :

Durandin, homme d'affaire : Dussert ; — *Rodolphe*, son neveu, poète : Paul Laba ; — *Marcel*, peintre : Danterny ; — *Schaunard*, musicien : Charles Pérey ; — *Gustave Colline*, philosophe : Mutée ; — *M. Be-*

noël, maître-d'hôtel : Bardou jeune : — *Baptiste*, domestique : Kopp ; — *un garçon de caisse* : Collin ; — *un monsieur* : Charier ; — *un médecin* : Rhéal ; — *Césarine de Rouvre*, jeune veuve : Mlle Delphine Marquet ; — *Mimi* : Mlle Thuillier ; — *Musette* : Mlle Page ; — *Phémie* : Mlle P. Potel ; — *une dame* : Mlle Wilhem.

Le directeur des Variétés était alors Thibaudeau-Milon, le beau Thibaudeau, tragédien, dont la carrière avait été assez brillante à l'Odéon, et qui s'était fait une réputation à la ville, par l'élégance recherchée de ses toilettes. Pour le dire en passant, ce fut cet acteur dandy qui déclama les strophes du *Désert*, de Félicien David, lors de la première audition de cette ode-symphonie, le 8 décembre 1844.

Barrière avait donc, d'une main très adroite, arrangé les *Scènes de la vie de Bohème* à l'usage du théâtre, imaginant une action dramatique à laquelle prenaient part tous les personnages du livre, et faisant entrer dans le dialogue les meilleurs traits d'esprit de son collaborateur.

Quelques années auparavant, et comme poussé par un instinct secret, il s'était lié d'amitié avec Murger au moment où ce dernier habitait chez moi. Nous le voyions venir presque tous les jours, mêler la fumée de sa cigarette à celle de nos pipes. Il arrivait ponctuellement à quatre heures et demie, lorsque sa journée au ministère de la guerre était terminée. Du reste nous l'avions pour voisin ; il demeurait avec son père dans une maison de la rue de la Harpe qui masquait les Thermes de Julien. C'était un homme de moyenne taille, sec, très nerveux, peu prodigue de paroles, et qu'à sa tenue on aurait pris pour un lieutenant de cavalerie en bourgeois.

La pièce eut un grand succès, qui combla dans les caisses du théâtre le déficit causé par le choléra et les troubles politiques.

Mais rien ne prouve mieux que ce que je vais raconter la popularité dont jouissait le livre de Murger avant la pièce, et à quel point les personnages qui y sont en scène étaient déjà familiers au public. La veille de la première représentation, Charles Pérey, qui allait créer le rôle de Schaunard et que je ne connaissais pas, vint me trouver pour prendre sur le vif quelques indications dont il croyait avoir besoin. Je me souviens que je lui prêtai ma pipe, ma fameuse « pipe pour aller dans le monde » et qu'il l'exhiba, presque chaude encore, devant le public des Variétés.

J'ai eu le plaisir de me revoir comme dans une série de miroirs sur les différents théâtres où la *Vie de Bohème* a été reprise. Au Vaudeville, c'était Paradé qui faisait Schaunard ; à l'Odéon, Romanville ; à l'Ambigu, Georges Richard... Chaque fois il s'est trouvé une personne du public qui, grossissant la très mince anecdote de la pipe, me disait : « Vous avez encore prêté tous vos effets pour le rôle de Schaunard ? » ou bien : « J'ai parfaitement reconnu votre pantalon ; quant à la vareuse d'artiste que vous portiez en 1848, je me suis aperçu qu'elle était bien passée de couleur. Dame ! après tant de représentations !... » Et voilà comment naissent les légendes.

Le fait est que le nombre de ces représentations est considérable, puisque la cinquantième (donnée à l'Ambigu) est du 1er mai 1882. Ce soir-là, Schanne devint l'invité de Schaunard, c'est-à-dire que Georges Richard me pria de me rendre dans sa loge après le troisième acte joué, et que là un lunch était préparé auquel je dus faire honneur. Le bordeaux succéda à la bière, et le champagne au bordeaux. Mais quel dessert : ce fut la très jolie Mlle Massin (Musette) qui, de ses lèvres roses, me le servit sur les joues. Cela embrouillait bien un peu l'histoire, parce qu'à la rigueur cette sucrerie aurait dû m'être offerte par Phémie-Teinturière. Cependant, je n'eus garde de me plaindre.

Maintenant je crois n'avoir rien de mieux à faire pour l'amusement de mon lecteur, que de lui donner quelques extraits des feuilletons publiés à différentes époques, sur la pièce de la *Vie de Bohème*.

Extrait de la Presse.

« La bohème de M. Henry Murger n'est pas la bohème où Balzac fait régner le prince de la Palférine, ce digne successeur du grand Maxime de Trailles ; c'est une bohème dans le genre de celle que nous avions installée, il y a quelque quinze ans, au fond de la rue Doyenné, ce désert en plein Carrousel, Camille Rogier, Arsène Houssaye, Gérard de Nerval, votre serviteur, et ce pauvre Ourliac, le *gracioso* de la troupe, mort de mélancolie dans les pratiques de la plus austère dévotion : un cénacle de rapins ayant l'amour de l'art et l'horreur du bourgeois ; fous, les uns de poésie, les autres de peinture ; celui-ci de musique, celui-là de philosophie ; poursuivant bravement l'idéal à travers la misère et les obstacles renaissants. Cette bohème-là se constitue toutes les fois que cinq ou six jeunes enthousiastes et amoureux se rencontrent, et c'est en cela que l'œuvre de M. Henry Murger, malgré son apparence capricieuse, est d'un intérêt si vrai et si général. C'est le tableau de la jeunesse avec ses joyeuses misères, ses généreuses folies, ses tendres erreurs et ses défauts charmants, qui valent mieux que les vertus de l'âge mur... »

THÉOPHILE GAUTIER.

Extrait du Journal des Débats.

« ... Je les ai étudiés ces bohêmes, je les sais par cœur ; et je n'ai qu'un regret quand j'y songe, c'est de ne pas avoir fait partie de ce pêle-mêle ardent des intelligences et de la pauvreté, des colères innocentes et des talents très réels...

« Vous ne sauriez croire tout ce qu'ils lisent, tout ce qu'ils savent, tout ce qu'ils chantent, et quelle fortune d'esprit, d'inventions et de douces folies dépensées en petite monnaie...

« Notez bien que quand ils s'en mêlent, ils parlent une langue animée de tout le coloris de la jeunesse, un beau langage d'une santé opulente, incorrecte et pleine d'images ; notez bien qu'ils possèdent un poète qui est un grand poète, nommé Théodore de Banville, et des prosateurs qui ont écrit des choses charmantes ; fleurs inconnues ! caprices ! fantaisies ! contes d'été ! contes d'hiver ! poèmes, un peu nus, un peu vifs, poèmes des quatre saisons....

« Un beau matin je le vis venir chez moi, ce Henry Murger ! Il est le révélateur le plus ingénu de la Bohême, il en est le roi ! Il est très jeune, il est naïf, il est sincère ! Il se plaignait d'être inconnu, comme si c'était un bien grand malheur et il me demandait comment faire pour que son nom et son œuvre vissent enfin le grand jour et sortissent quelque peu de l'admiration des tuyaux de pipe et des queues de billard ?

« Moi j'avais lu sa *Bohême*, et j'avais trouvé le livre une chose charmante. Ma foi, dis-je à Murger, il n'y a qu'un moyen aujourd'hui de faire lire votre livre, faites-en un drame ! Livre, personne n'en parlera ; drame, il faudra que tout le monde en parle ; c'est le privilège des choses de théâtres. Homère ferait l'*Iliade* aujourd'hui, il irait prier M. Ferdinand Laloue d'en prendre quelque chose pour le Cirque-Olympique ! Homère aurait besoin de Franconi.

« Mon conseil était bon, et, chose étrange, il fut écouté, et tout de suite, et voici que la *Bohême* s'empare du théâtre des Variétés et que le public attentif se sent *empoigné* (mot de Bohême) comme il ne l'a pas été depuis longtemps... »

Jules Janin.

Extrait du Moniteur Universel.

« ... Cette petite Bohême littéraire de 1845 à 1860 dont Henry Murger fut le poète et le romancier, ne valait pas, à beaucoup près, la grande Bohême romantique de 1830. Il y a entre elles la différence d'un carnaval de Venise à une partie d'étudiants, d'une guerre de religion à un tapage nocturne du quartier Latin.

« Ce qui reste de la *Vie de Bohême* c'est le sentiment pénétrant et vrai de quelques belles scènes. C'est encore l'esprit dont elle étincelle. Il pleut des mots, il en roule, il en crépite, il en grêle ; des mots un peu limés, un peu rédigés, entachés d'argot, et dont beaucoup sont usés par la circulation et par les redites. Mais il y de la qualité dans cette quantité, des traits qui portent, des saillies qui vivent, un mélange de bouffonnerie et de fantaisie qui a gardé son montant. Ces jeunes gens sans sou ni maille semblent parfois vêtus quand ils causent, de l'habit du duc de Buckingham : parmi quelques verroteries, ils laissent tomber bien des perles fines... »

Paul De saint Victor

« *Extrait du Monde illustré :*

Le Vaudeville qui pourrait remonter les ouvrages de Barré, Radet et Desfontaines, s'est contenté d'emprunter *la Vie de Bohême* au théâtre des Variétés. Cette reprise a fait plaisir. Quelques personnes autour de nous disaient que la pièce avait vieilli (depuis dix ans ;) cela est vrai pour certains endroits ; mais est-ce la faute des auteurs si la plupart de leurs plaisanteries sont tombées dans le domaine public, si Musette a donné naissance à une foule de mangeuses de pommes, si le « critique influent » est devenu une caricature presque classique, si les poitrinaires des deux sexes ont été usés sur les scènes de genres?

Vieillit-on, parce qu'on devient populaire? *La Vie de Bohême*, il faut s'en souvenir, a précédé *la Dame aux camélias* ; c'est la première pièce à *mots* de cette dimension ; elle a aidé à la transformation et à la simplification du théâtre actuel...

CHARLES MONSELET

Extrait du Figaro :

« Trente années ordinaires ne comptent que pour un instant dans l'histoire ; mais les trente années comprises en 1850 et 1880 ont vu précisément s'accomplir les changements les plus extraordinaires et les plus complets, non-seulement dans l'ordre politique, mais surtout dans les mœurs, et dans les conditions économiques de la vie nationale. A ce titre, la *Vie de Bohême* est une pièce pour ainsi dire archéologique, car elle fait vivre et parler, rire et souffrir des êtres qui n'ont presque plus d'analogues aujourd'hui. Le journalisme à grand tirage a fait disparaitre la bohême littéraire; comme les chemins de fer de l'Italie méridionale supprimèrent les *lazzaroni*, et quant aux peintres qui courent après une pièce de cent sous, on peut affirmer qu'il n'en existe plus dans un temps comme le nôtre qui couvre d'or les toiles des impressionistes.

« Ils ont cependant réellement vécu, ces personnages qui semblent nés de la fantaisie d'Henry Murger et de la verve satirique de Théodore Barrière, Rodolphe d'abord sous le pseudonyme duquel Henry Murger esquissait son autobiographie : et Gustave Colline, qui n'a pas encore brisé sa plume de philosophe gallican ; et Alexandre Schaunard, peintre et musicien, aujourd'hui bon bourgeois patenté ; et Mimi, pâle et bizarre créature, qui mourut poitrinaire dans une salle de la Pitié, au mois de décembre 1848, ceci dit en passant pour les fausses Mimi qui, çà et là, cherchent encore sous nos yeux à surprendre la sensibilité des bonnes âmes.

« Il y a donc quelque chose d'historique, au sens le plus concret du mot, dans la galerie de la *Vie de Bohême*, et c'est pourquoi nombre de spectateurs, médiocrement ou vaguement lettrés, la trouvent presque aussi singulière que des personnages de pure invention... »

Auguste Vitu.

Voici maintenant le dessert de ce menu de littérature ; soit des vers de Théodore de Banville, récités sur l'avant-scène de l'Odéon par M. Porel, lors d'une reprise de la *Vie de Bohême* qui eut lieu en décembre 1865 :

A LA JEUNESSE

Mesdames et messieurs, nous vous donnons La Vie
De Bohême, une pièce ou le rire et les pleurs
Se mêlent, comme aux champs, où notre âme est ravie,
Les larmes du matin brillent parmi les fleurs.

Pour dire ce refrain des amours éternelles,
Deux amis, ô douleur ! séparés aujourd'hui,
Naguères unissaient leurs deux voix fraternelles ;
Puisque l'un d'eux s'est tû, ne parlons que de lui.

Murger esprit ailé, poète ivre d'aurore,
Pour Muse eut cette sœur divine du Printemps,
La Jeunesse, pour qui les roses vont éclore,
Et pour devise, il eut ces mots sacrés : Vingt ans !

C'est pourquoi, tout heureux de se regarder vivre,
Toujours les jeunes cœurs de vingt ans aimeront
Ces filles du matin qui passent dans son livre
Et meurent sans avoir de rides sur le front.

Qui ne les adora, ces fleurs de son poème ?
Qui de nous, qui de nous, ô rêveuse Mimi
Enamourée encor sous le frisson suprême,
N'a dans un rêve ardent baisé ton front blêmi ?

Et toi, Musette, reine insoucieuse et folle,
Qui n'a cherché tes yeux, qui n'a redit ton nom ?
Qui sur ta lèvre ouverte au vent rose corolle,
Ne retrouve à la fois Juliette et Manon ?

Oui, tant qu'un vin pourpré frémira dans nos verres,
Ces fillettes vivront, couple frais et vermeil

Pourquoi ? c'est qu'elles ont l'âge des primevères
Et l'actualité du rayon du soleil.

Le livre un soir devint une pièce applaudie
Et même fit fureur autant qu'un opéra.
Le miracle nouveau de cette comédie
Ce fut qu'en l'entendant l'on rit et l'on pleura.

On s'étonnait surtout qu'en des scènes rapides
L'esprit, versant la joie et l'éblouissement
Avec son carillon de notes d'or splendides,
Pût laisser tant de place à l'attendrissement.

Puis l'œuvre que le temps jaloux n'a pas meurtrie,
De théâtre en théâtre a suivi son destin,
Mais elle trouve enfin sa réelle patrie
En abordant ce soir au vieux pays latin !

O vous en qui sourit l'avenir de la France !
O jeunes gens, Murger calme, vaillant et doux
Nous versait en pleurant le vin de l'espérance :
Où serait-il compris si ce n'est parmi vous ?

Il fut des vôtres, car il eut le fier délire
Du noble dévouement et des belles chansons,
Et je devine bien que vous allez lui dire :
Reste avec nous. C'est bien. Nous te reconnaissons.

Il fut de notre race, ô nation choisie !
Il se donnait à vous qui, malgré les moqueurs,
Ne déserterez pas la sainte Poésie,
Et dont la soif de l'or n'a pas séché les cœurs !

Comme sa comédie où, voilé de tristesse,
Murmure sous les cieux le rire aérien,

Est à vous, bataillon sacré de la jeunesse,
Nous vous la rapportons. Reprenez votre bien !

Le poète pensif qui vous donna La Vie
De Bohême, adora dans ses rêves d'azur
La gloire, cette amante ardemment poursuivie,
Et toujours se garda pour elle honnête et pur.

Ses héros sont parfois mal avec la fortune :
Vous les voyez soupant au milieu des hivers
D'un sonnet romantique ou bien d'un clair de lune,
Mais fidèles, mais vrais, mais indomptés, mais fiers !

Leurs châteaux éclatants, faits d'un rêve féerique,
N'ont encore été vus par nul historien,
Et sont bâtis dans une Espagne chimérique,
Mais enferment l'honneur, sans lequel tout n'est rien !

Vous recevrez chez vous ces hôtes en liesse,
Comme des voyageurs qui parlent d'un ami.
Oui, vous applaudirez et l'esprit de la pièce
Et votre doux Murger, à présent endormi !

Et vos regrets amers pour ce jeune poète
Emporté loin de nous par un vent meurtrier
A sa lyre à présent détendue et muette
Ne refuseront pas quelques brins de laurier !

Car vous êtes de ceux dont la pitié profonde
Garde les verts rameaux qui croissent sous le ciel
Pour les penseurs trop vite exilés de ce monde
Et pour ce que les morts nous laissent d'immortel.

Théodore de Banville.

XXXIX

MURGER SUR LA RIVE DROITE

Le succès de *la Vie de Bohême*, aux Variétés, fut pour Murger le point de départ d'une nouvelle existence. En un soir, l'homme « arrivé » avait succédé au bohêmien de lettres besognant et *peinant* dans la petite presse aventureuse.

Et comme, pendant les entr'actes de la première représentation, j'eus bien le pressentiment de cet *avatar !* Il était entouré, accaparé par quantité de gens que je n'avais jamais vus et qui, la veille peut-être, ne lui eussent point parlé. Je me serais volontiers figuré qu'on me le volait.

En effet Murger, devenu auteur à succès, ne tarda pas à abandonner sa chambrette de la rue Mazarine, pour prendre un très digne appartement bourgeois au n° 48 de la rue Notre-Dame-de-Lorette.

L'ami me restait et il ne m'a jamais manqué ; mais encore qu'ils fussent heureux, les événements m'avaient séparé du compagnon de tous les jours.

L'auteur désormais célèbre des *Scènes de la Vie de Bohême* ne ressemblait plus à Rodolphe.

Son habit était à la dernière coupe, et remplaçait celui du charcutier dont Baptiste s'affublait pour se déguiser en maître d'hôtel. Puis il donnait des soirées avec musique et rafraîchissements, le tout sans faste cependant, et comme il convient dans un appartement situé au cinquième étage sur la cour.

Je ne fus jamais oublié sur la liste des invités non plus que Champfleury, Vernet, Alfred Quidant, Léo Lespès, Monselet, Pierre Dupont, Gustave Mathieu.

Quelques détails du mobilier me sont encore présents. Les murs du salon étaient tendus de velours grenat ; on y voyait accrochée à côté d'une dague de style moyen âge, une toque copiée sur celle dont Raphaël est coiffé dans son portrait. Puis, c'est la célèbre lithographie de Lemud, représentant maître Volframb à l'orgue. Au-dessus du piano, se trouvait comme un avertissement donné au pianiste la tête du *Silence* de Préault. Enfin, ce trophée d'amour, dont il a été déjà parlé, ce masque de velours, ce gant de femme et ce bouquet fané que Murger a toujours gardé précieusement.

Il me serait difficile de dire combien de temps mon ami habita la rue Notre-Dame-de-Lorette ; mais je puis le suivre dans ses autres logements, et en voici l'indication précise :

Rue Truffaut, 24 ;

Rue de Clichy, 84 ; (le 70 actuel) ;

Rue de Douai, 39 ;

Rue Neuve des Martyrs, (actuellement de Morée) 16.

Cette dernière période de la vie de Murger, hélas ! si courte, fut embellie pour lui par une demi-prospérité ; mais elle fut aussi la période du travail. Entre les années 1850 et 1860 parurent au *Moniteur universel*, à la *Revue des Deux-Mondes* et ailleurs, les romans de sa seconde manière, tels que les *Scènes de la vie de jeunesse, Adeline Protat*, les *Vacances de Camille*, le *Sabot rouge*... Il donna aussi deux pièces en un acte : le *Bonhomme Jadis* (joué à la Comédie-Française par Provost, Delaunay et Mlle Fix) : et le *Serment d'Horace*, (interprété au Palais-Royal par Ravel et Mlle Deschamps).

Mais, encore une fois, l'aisance acquise par l'auteur de la *Vie de Bohême* n'était que très relative et ne représentait guère pour lui que l'assurance de deux repas quotidiens. Sa nouvelle situation a été très bien chiffrée par Monselet dans un article du *Monde illustré*.

« Henry Murger, dit-il, avait le travail très difficile ; il ne produisait guère que la valeur d'un roman par an. Le produit de ce roman, tamisé par le journal et par la librairie, rendait un millier d'écus tout au plus. Si l'on ajoute une rente d'une moyenne de trois cents francs pour les droits en province de la *Vie de Bohême* et du *Bonhomme Jadis*, quelques regains inattendus, les bonnes fortunes du petit journalisme, on arrivera aux appointements d'un teneur de livres ; mais on ne les dépassera pas. Inégalement répartis, c'est-à-dire à des intervalles trop fréquents ou trop éloignés, ces quatre mille francs pouvaient-ils apporter une régularité bien grande dans une existence déjà acquise à la poésie et aux entraînements du cœur ?

« Les besoins d'un écrivain ne sont pas ceux du premier venu ; il ne lui faut pas seulement du pain et un logement ; le loisir, les voyages, les roses, les réunions lui sont indispensables. Tout compte vu, on devrait interdire l'exercice de la littérature à ceux qui, comme Henry Murger, n'ont ni famille ni moyens d'existence. Ce serait plus vite fait, et il n'y aurait sur leur tombe ni lamentations ni malédictions. »

A de rares intervalles, Murger traversait les ponts et venait s'ébattre avec les vieux amis de son vieux quartier Latin. (J'avais en effet regagné la rive gauche, n'ayant pu m'habituer sur la rive droite après l'essai de trois logements successifs). Ces jours-là, nous dinions ensemble chez la mère Cadet, ou chez la mère Giraud, ou chez n'importe quelle autre mère. Puis, le café pris, nous nous attardions sous les grands arbres du Luxembourg jusqu'au moment où les cordons de soldats nous refoulaient vers la porte de sortie. Comme moi, Murger s'amusait beaucoup à entendre les cris des troupiers, ténors, barytons et basses, prononçant avec tous les accents des provinces de France la formule : « On va fermer !... On *farme !...* On *fromm !...* »

Sa nature maladive lui faisait rechercher instinctivement la société des jeunes médecins ; aussi allait-il s'asseoir de temps à autre à la table des internes de la Charité. Il m'y amena une fois, et je pus constater un grand enthousiasme pour lui dans ces futurs maîtres ès-sciences.

Pour ma part, n'ayant pu m'habituer sur la rive droite, je n'en faisais pas moins de fréquentes apparitions dans les cafés du boulevard et du quartier Breda, quand je savais y rencontrer Murger.

Pendant un certain temps, on était sûr de le trouver le soir au café Riche, dans la salle qui donne sur la rue Lepeletier. Là il devisait assez gravement avec Paul de Saint-Victor, Xavier Aubryet, Gustave Claudin, Domery, correspondant de l'*Indépendance belge*, etc., etc. Mais je me rendais de préférence à la Brasserie des Martyrs, fréquentée par un groupe de littérateurs et de jeunes poètes, parmi lesquels

Amédée Roland, Charles Bataille et Jean du Boys.

Il me revient en mémoire qu'un soir de janvier 1861, j'amenai à cette brasserie littéraire un étudiant en médecine natif du pays de Rabelais, et que j'avais été chargé d'introduire dans des milieux d'artistes pour donner pâture à la vive curiosité qui l'attirait vers toutes les choses de l'esprit. Ce jeune étudiant était le futur docteur Filleau, aujourd'hui un des meilleurs praticiens de Paris ; il était temps de le présenter à Murger, qu'une mort rapide devait emporter quelques jours plus tard.

A notre table, se trouvait donc Murger qui avait à côté de lui Pelloquet, Fernand Desnoyers et Duranty.

Duranty avait la parole et discutait très chaudement sur, ou plutôt contre les poésies de Victor Hugo. Il ne faisait d'ailleurs que nous réciter un violent article qu'il avait récemment publié dans le « Réalisme », sous le titre de : *le Gouffre géant des sombres abîmes romantiques.*

« Hugo, avait écrit Duranty, est un comédien de poésie, un esprit masqué où rien n'est sincère, pas même la vanité !... Otez-lui trente gros adjectifs, et toute sa poésie s'effondre comme un plafond auquel on enlève ses étais... Les femmes, il ne les aime pas, les enfants, il ne les comprend pas ; la nature, il ne la sent pas... »

Murger riposta par ce vigoureux coup de massue :

— Savez-vous l'effet que vous me faites ? Celui d'un chien qui lève la patte contre Notre-Dame !

Et on parla d'autres choses.

Toujours impatient de changer de place, l'auteur de la *Vie de Bohême* quittait volontiers, vers onze heures du soir, la brasserie des Martyrs pour le café de La Rochefoucauld.

Le café La Rochefoucauld (plus familièrement La Roche) a recueilli tous les soirs, pendant plus de vingt-cinq ans, des artistes du quartier Notre-Dame de Lorette, qui y venaient pour rire un peu, jouer très petit jeu et ne jamais parler de politique.

La réunion qui s'y était formée, et dont a fait partie Murger, ne s'est guère dissoute qu'en 1880, faisant place d'ailleurs à un nouveau groupe de peintres et de sculpteurs. Elle avait eu pour premier noyau quelques fidèles d'un autre cénacle, illustré par la présence assidue d'Alfred de Musset et de Théophile Gautier. Je veux parler du « Divan » de la rue Le Peletier, qui avait été bousculé par les évènements de Décembre jusqu'à en rester tout à fait disloqué.

J'ai passé plus d'une soirée de bonne causerie et de bonne pipe au café de La Rochefoucauld. C'était au premier étage que je montais pour rencontrer mes amis, les hommes de lettres et les musiciens, les peintres et les graveurs. Là, dans deux pièces, une grande et une petite, ils étaient chez eux, comme au cercle ; car, passé neuf heures, le maître de l'établissement veillait à retenir le public bourgeois dans la salle du rez-de-chaussée. S'il apercevait un intrus faisant mine de gravir les degrés du Parnasse (je veux dire l'escalier du café), il ne manquait pas de lui crier :

— « Pas là haut, monsieur, pas là-haut !... C'est une société ! »

Et bien, sur cette « Société de La Roche » si brillante de 1855 à 1880, voici un document qui n'a jamais été dressé ; soit la liste de ses membres.

J'ai pu retrouver leur noms, aidé par les souvenirs de plusieurs d'entre eux ; et j'en ai fait trois séries alphabétiques, sous ces appellations, qui sont de rigueur :

Les assidus ;

Les fréquents ;

Les rares.

Les Assidus : A. Arnaud, secrétaire du *Monde illustré*, et rédacteur de divers journaux ; — Georges Bell, homme de lettres ; — Abel Bonjour, violoncelliste ; — Michel Bouquet, peintre émailleur et pastelliste ; — Chantepie, auteur d'ouvrages philosophiques ; — Ludovic Durand, sculpteur ; — Franceschi, sculpteur ; — Guttinger, peintre ; — Hersent, peintre ; — Jourdan, peintre ; — Albert de Lasalle, chroniqueur du *Monde illustré* et du *Charivari* ; — de Laplace (surnommé Colline II à cause de sa ressemblance avec le personnage de Murger), étudiant en médecine de vingtième année ; — Lavée, peintre ; — Charles Marchal, peintre ; — Aimé Millet, sculpteur (auteur du tombeau de Murger) ; — Monginot, peintre ; — Jules Noriac, romancier et chroniqueur au *Figaro*, au *Monde illustré*, etc. ; — Papst, peintre ; — Victor Pollet, aquarelliste et graveur (Prix de Rome de 1838) ; — Pothey, graveur sur bois, chansonnier, puis rédacteur judiciaire dans divers journaux ; — Alfred Quidant, pianiste-compositeur ; — Ravina, pianiste-compositeur ; — Voillemot, peintre ; — etc...

Les Fréquents : Bonnameau, architecte ; — Boniface, rédacteur du *Constitutionnel* ; — Alfred Busquet, poète ; — Carjat, dessinateur, poète et photographe ; — Ch. Couteau, architecte ; — Devin-Duvivier, compositeur de musique et organiste ; — Léon Dupré, architecte ; — Guichardet, homme de lettres ; — Léonard, violoniste ; — Mas, altiste ; — Maurin, professeur de violon au Conservatoire ; — Demesmay, sculpteur ; — Michal, poète ; — Monselet, homme de lettres, critique théâtral du *Monde illustré* ; — Murger, poète et romancier ; — Emile Petit, architecte ; — Pelloquet, homme de lettres ; — Thévenet, ingénieur.

Les Rares : Azevedo, critique musical de l'*Opinion nationale* ; — Armand Barthet, poète ; — Benassit, peintre ; — Bercioux, auteur dramatique ; — Bériot, pianiste ; — Bourdin, homme de lettres, rédacteur du *Figaro* ; — Bourgogne, homme de lettres ; — Caraguel, homme de lettres, rédacteur du *Charivari* et des *Débats* ; — de Gaston, prestidigitateur ; — Chabouillet, architecte ; — Cochinat, homme de lettres, ancien magistrat ; — Darjou, caricaturiste ; — Louis Davyl, auteur dramatique et chroniqueur ; — Alfred Delvau, homme de lettres ; — Deroy, dessinateur ; — Desmoulins, correspondant de l'*Etoile belge;* — Fernand Desnoyers, poète ; — Gustave Doré, peintre ; — Dupray, peintre ; — Delaunay, romancier chroniqueur (ancien capitaine de cavalerie ;) Durandeau, caricaturiste ; — Fauchery, graveur sur bois, homme de lettres ; — Flahaut, peintre ; — Grandon, homme de lettres ; — Arthur Heulhard, homme de lettres ; — Charles Hugo, homme de lettres ; — Léo Lespès, (Timothée Trim) homme de lettres ; — Lecointe, architecte ; — Louis Lherminier, homme de lettres, ancien diplomate ; — Masson, graveur ; — Gustave Mathieu, poète ; — Henri Monnier, peintre, homme de lettres et comédien ; — Nadar, homme de lettres et photographe ; — Pierre Petit et Piallat, photographes ; — Réal, comédien ; Ernest Reyer, compositeur de musique, membre de l'Institut, critique musical des *Débats* ; — Aurélien Scholl, chroniqueur ; — Sivori, violoniste ; — Alfred Stevens, peintre ; — Er. Thoinan, bibliophile et musicologue ; — Alfred Vernet, miniaturiste, etc.

Il est bien entendu que je ne me suis pas permis de citer des noms n'appartenant pas à la publicité, et qui sont ceux de simples amateurs d'art.

Du reste, la liste des habitués de La Roche se confondrait presque avec celle des convives ordinaires de la table d'hôte Dinochau.

Ce Dinochau, dont il a été si souvent parlé dans les petits journaux du second Empire, donnait à manger (et même à boire !) rue Breda. N'est-ce pas M. de Villemessant qui, sachant que plusieurs de ses rédacteurs y prenaient leurs repas, l'avait surnommé « le restaurateur des lettres. »

Que les mânes de François Ier pardonnent cet emprunt de sobriquet au jovial fondateur du *Figaro*.

XL

LES FAUX SCHAUNARD

On lit dans le livret du salon de 1850 :

« SCHANNE (ALEXANDRE-LOUIS,) 24 rue Notre-Dame de Recouvrance

2,756 — PORTRAIT DE Mme PIERRE.»

Tel fut le point culminant de ma carrière, comme peintre élève de Léon Cogniet

Comme compositeur de musique, j'ai publié :

Le Nain de la bouteille, (paroles de Fernand Desnoyers ;)

Alain, charretier des grains, (paroles d'Auguste de Chatillon ;)

La soupe au fromage, (paroles de Max Buchon ;)

Le chemin abandonné, (paroles d'Edouard Plouvier ;)

Ronde enfantine, (paroles de Jules Troubat ;)

L'Hymne à l'harmonie, (paroles de Massen,) chœur à quatre voix d'hommes ; etc... On a aussi exécuté de moi au Prado, une schotisch et plusieurs polkas vers 1854 ; puis à l'Elysée-Montmartre, à Mabille et au Château des Fleurs, l'orchestre de Métra a fait entendre diverses autres de mes polkas et mazurkas. (Si je dressais l'interminable catalogue de mes œuvres inédites, on y verrait inscrite la *Symphonie sur l'influence du bleu dans les arts* qui est une réalité, bien que son titre burlesque puisse faire douter qu'elle existe.)

Je pianote ; on peut aussi exiger de moi une exécution d'une partie d'alto, soit à l'orchestre, soit dans un quatuor de musique classique ; le trombone m'est familier ; j'ai joué aussi du cor de chasse, mais de façon à faire fuir le gibier, et à attirer la gendarmerie.

Mon bagage littéraire n'est pas lourd. Il se compose de deux chroniques parues dans le journal le *Polichinelle*, au mois d'avril de 1857 ; puis d'un certain nombre de comptes rendus orphéoniques publiés dans les journaux spéciaux, et dont voici un échantillon :

« *La société X...*, et le chœur *sous la feuillée :* — Pourquoi dans un chœur dont le sujet n'exige pas de violence, cette énergie dans les *forté* ? Les voix sont un peu dures ; cependant quelques *pianos !*

ont été bien rendus... Comment chanteriez-vous *Aux armes !* pris dansle sens patriotique, si dans les bois, sous les nids, vous chantez avec cette véhémence ? Il faudrait absolument lire les paroles, et surtout bien en comprendre le sens avant d'articuler une note ; pour le cas présent, vous vous seriez souvenu qu'il s'agissait de petits oiseaux. D'ailleurs les basses ont fait naturel leur *la bémol* grave, à la mesure 93, ce qui a transformé un accord de *septième de dominante* en accord de *septième diminuée*. Puis à la mesure 101 l'*ut* des ténors, si le chef n'y veille, ne tardera pas à prendre un *dièze*, erreur harmonique des plus condamnables. Du reste excellent ensemble. »

Croyez-vous que tous ces petits talents pris ensemble me constituent une personnalité bien saillante ?... Vous ne le croyez pas, ni moi non plus. Il n'empêche qu'il se soit trouvé des gens envieux de cette personnalité, et qui ont tenté de me la dérober.

J'ai donc été traité et de mon vivant, comme Louis XVII ; honneur démesuré.

Ainsi en passant, il y a quelque trois ans, sur le boulevard Saint-Martin, je m'arrêtai devant l'étalage d'un revendeur de musique. Ma stupéfaction fut grande de découvrir dans un stock de papiers défraichis plusieurs romances signées « Schaunard ! » Je me garderai bien de faire la critique de ces fadaises notées; son auteur pourrait me croire jaloux. Cependant le marchand m'a donné quelques renseignements biographiques, sur ce prétendu autre moi-même : le pseudo-Schaunard pataugerait dans le Marais à deux pas de ma demeure. A quoi l'on est exposé, je vous le demande? et combien dans ce Paris, il faut prendre garde à ses voisins, dont on ne se méfie jamais assez !

Autre usurpateur de pseudonyme :

J'ai appris l'existence de celui-là, au moment même de sa mort. C'est le Figaro du 25 décembre 1877 qui m'en a donné la nouvelle; je reproduis d'autant plus volontiers son entrefilet, qu'il plaide pour la vérité en me rétablissant dans la jouissance de mon droit.

On lisait donc dans le journal de M. de Villemessant :

« M. R***, avoué, maire de Vienne (Isère) est mort. D'après une tradition populaire dans le Dauphiné. M. R***, qui avait longtemps habité Paris, aurait servi de type à Henry Murger, pour le personnage de Schaunard, de la *Vie de Bohême*. M. R*** ne contredisait pas cette légende. »

Puis *le Figaro* ajoutait à la suite de cette correspondance :

« Au risque d'enlever une illusion aux anciens administrés de M. R***, nous leur dirons : les noms des personnages qui ont figuré sous un voile transparent dans l'œuvre de Murger, sont trop connus maintenant, et il n'y a plus de discussion possible à leur égard. Schaunard n'est autre que M. Alexandre Schanne, aujourd'hui fabricant de jouets d'enfants, rue des Archives, à Paris. »

Du reste je n'ai aucune souvenance d'un R*** apprenti peintre ou musicien, que Louisette dite Phémie-Teinturière eut idolatré, et qu'on aurait pu rencontrer, il y a quarante ans, dans la société de Murger.

Diverses autres pistes m'ont encore été données pour suivre de faux Schaunard et les démasquer. J'ai dédaigné cette chasse. Mais, que les intrigants dont l'intention serait de s'approprier un pseudonyme, auquel je tiens d'autant plus qu'il me vient de Murger, aient le courage de croiser avec moi un nez qui, « camard de face, est aquilin de profil. »

Ce sera un duel nazal dont on rira de Montmartre à Montrouge.

XLI

LA BRASSERIE DES RÉALISTES

Vers 1850 se forma sur la rive gauche un groupe de littérateurs et d'artistes levant le drapeau d'une nouvelle école qui tentait de succéder à celle « du bon sens, » et du « romantisme. » La passion qu'ils professaient pour la vérité, entendez la vérité crue, leur valut le nom tout indiqué de « réalistes. »

J'avais trop d'amis parmi eux pour ne pas me laisser prendre à leurs doctrines. Je fus donc de la secte ; et il est bon que je m'en souvienne au moment où j'écris un livre qui ne doit prétendre qu'à la sincérité.

Nous avions des chefs gradés sans qu'ils s'en

doutassent et qui étaient tout bonnement les plus éloquents à faire valoir nos théories par le mérite de leurs œuvres. Un de ceux-là fut Champfleury très brave de sa plume et qui guerroyait vigoureusement dans les petits et les grands journaux.

Quant aux peintres, depuis le tableau si tapageur des *Casseurs de pierres*, ils reconnaissaient l'autorité de Gustave Courbet.

Puisque je viens d'écrire ce nom, laissez-moi rassembler quelques souvenirs qui s'y rapportent.

J'habitais alors le huitième étage du palais abbatiale, cette haute construction de briques qui s'appuie à l'église Saint-Germain-des-Prés. Dans mon voisinage, un nommé Desprez, surnommé plus tard le père Lapin, avait ouvert un atelier libre, ou pour six francs par mois, on pouvait peindre et sculpter d'après nature. C'est là que je connus Courbet !

Sa manière de travailler, à lui toute particulière, piquait fort la curiosité de ses camarades. Il peignait sur du papier gris épais, préparé à l'huile et tendu sur des châssis trois fois grands comme les toiles en usage ; aussi était-il obligé de se mettre au quatrième rang, pour ne pas gêner la vue de ses voisins. La boite dont il se servait était aussi de dimension inconnue ; elle contenait d'énormes vessies remplies des couleurs les plus ordinaires qui se vendent au kilo; tels que le blanc, l'ocre jaune, le vermillon, le noir.... Voici comment il combinait ces tons, après avoir regardé avec soin son modèle : il en préparait trois fondamentaux pour la lumière, la demi-teinte et l'ombre. Puis il disposait les couleurs franches en éventails, sur le haut de sa palette. Cela fait, il peignait à la brosse, au couteau, au chiffon, voire même au pouce ; tout lui était bon. Mais il se préoccupait plutôt de l'harmonie que de a richesse du coloris, qualité, qui d'ailleurs, lui resta propre jusqu'à la fin de sa carrière. Jamais chez le père Lapin on ne l'a vu exécuter une figure entière ; il n'étudiait que le morceau. Bien qu'il se dit « élève de la nature, » il avouait avoir reçu des leçons d'un professeur de dessin à l'académie de Besançon (le père Flageoulot.)

Courbet, avec l'accent de sa province, qu'il avait au degré incurable, avec sa finesse de bourgeois campagnard et sa vanité naïve, qui furent toujours ses signes distinctifs, était déjà un fort curieux personnage à observer. (Il est vrai que rien ne faisait prévoir encore le rôle politique qu'il devait jouer en 1871... et dont je ne parlerai pas, parce que tout le monde le connaît.)

Bonvin, si haut placé aujourd'hui dans l'estime des dilettanti de la peinture, était aussi de l'atelier. Mais il n'y venait que le soir, Lapin ayant son temps pris dans la journée par une petite place de bureaucrate qu'il occupait. Personne mieux que lui n'a su son Courbet, et n'a été habile à l'imiter dans ses manières de parler. Je l'entends encore ; et si je puis reproduire le texte d'une des scènes qu'il jouait si bien, je n'ai malheureusement pas à ma disposition de moyens graphiques pour noter l'accent des paroles.

— Ce matin, disait Bonvin, j'ai été voir Courbet que j'ai trouvé couché. Pendant qu'il mettait ses longs bas de laine à la franc-comtoise, il m'a plaisanté sur mon genre de peinture, prétendant que je faisais trop petit. Je lui ai rendu la pareille, prétendant qu'il faisait trop grand. J'arguais des peintres flamands et de quelques-uns de nos maîtres français, tels que Fragonard, Watteau et Chardin. Il a riposté en me lançant à la tête les Rubens, les Titien et les Véronèse, etc... C'est vrai, répondis-je, mais ils ne cherchaient pas des sujets de genre pour les étendre comme vous sur des toiles de dix-mètres... Voyant que la discussion allait s'envenimer, je changeai de sujet en parlant de musique. Alors son œil d'antilope s'alluma, il caressa sa barbe taillée à l'assyrienne, et prit une des postures qui lui était habituelle en se campant sur la jambe gauche, et en posant sa main inoccupée sur sa hanche ; puis il me dit :

— Par ma foi, Bonvin vous arrivez bien avec votre musique ! J'en suis aussi de cette chose là... vous connaissez la maison à Cuénot ?

— Ma foi non. Je les connais, lui comme un de

vos amis ; mais, n'étant jamais allé à Ornans, je n'ai pas vu son immeuble.

— C'est vrai tout de même !... Eh bien voici ce que c'est. Sa vaste maison, bâtie en largeur au pied de la montagne, possède de nombreuses cheminées très-élevées qui, de loin, la font ressembler à un orgue d'église. Le vent du nord descend en courant, et se précipite dans ces tuyaux de briques, qui se plaignent de sa violence par la manifestation de sons différents. Voilà ce que c'est...

Et alors mon Courbet levant la tête pour développer son gosier, et tendant les oreilles pour s'écouter chanter, entonna un air en prenant une voix aigue comme celle d'un soprano de la Chapelle Sixtine :

> Tra, la la, lou... tra la la la lou-lair
> Tra, la la lou......

. . . .

— Assez, assez, mon vieux Courbet ! ; car ce n'est pas vous qui avez composé ce chant inspiré par les bruits de la nature. On l'entend tous les soirs dans le Quartier Latin... Tenez je vais vous le finir.

> Le vent qui vient à travers la montagne
> M'a rendu fou (*bis*)

— Peut-être avez vous raison, Bonvin ; c'est une réminiscence que j'aurai composée involontairement... J'en ai fait un autre sur la mère Evrard avec des paroles de moi. Voici ce que c'est :

> Quand je fume ma pipe, chez la mère Evrard
> Adèle gentille m'apporte ma bière.
> Tra, la la lou, la la la la, lou, la ;
> Qu'on m'apporte à boire,
> Et puis là je bois, je bois ;
> Avec un vieil ami, je fume ma pipe
> Ensemble, et nous chantons,
>
> Nargue de l'argent, nargue des grandeurs
> Nargue de ces gens qui s'appellent le monde.
> Tra, la la lou, la la la la, lou, la ;
> Qu'on m'apporte à boire
> Et puis là je bois, je bois ;
> Avec un vieil ami, je fume ma pipe
> Ensemble, et nous chantons.

— Ça rime peu, objetait Bonvin.

— Voilà ce que c'est, répondait Courbet : venant de me lever, et n'ayant aucune consommation dans le tuyau, je n'ai pas tous les moyens de mon organe... Mais je vous la modulerai plus tard, ma *Mère Evrard*.

Du reste, dans son orgueil si démesuré qu'il en était comique et par cela même pardonnable, Courbet ne s'en tenait pas à ses prétentions au dilettantisme, et au virtuosisme musical. Je lui ai entendu dire cette parole... immense, un soir que dans une réunion la conversation était tombée sur Molière :

— Molière ?... ; en voilà encore un que je tirerai au clair !

Autre souvenir :

J'étais un jour dans l'atelier de Courbet. Arrive le jeune Dehaisne qui lui présente très timidement un dessin sur lequel il implore ses conseils.

— Qu'est-ce que vous m'apportez donc là ? demande-t-il au visiteur.

— Maître, c'est une tête de Christ.

— Tiens ! le Christ, vous l'avez donc connu ?

— Non ; mais c'est une étude... que je...

— Vous ne pourriez pas plutôt me faire le portrait de votre papa ?

Tout le réaliste est là.

L'atelier du peintre d'Ornans était situé au second étage du N° 32 de la rue Hautefeuille ; et on y arrivait par un escalier Louis XIII des plus authentiques. Je vois encore cette vaste pièce éclairée du haut et qui, au besoin, prenait un jour supplémentaire, par une petite fenêtre donnant sur la rue de l'Ecole de Médecine. A gauche, se trouvait une construction en voliges, servant de chambre à coucher. Les murs étaient tapissés de tableaux et d'études, parmi lesquels plusieurs essais de jeunesse dans le genre romantique. Le mobilier se composait d'un piano carré, d'un canapé, de quelques chaises et de tabourets dépareillés ; puis d'un chiffonnier Louis XVI dont la table était couverte d'un amoncellement de vessies vidées et de brosses à peindre de toutes les dimensions. Dans un coin était attaché le hamac de Promayet.

Ce Promayet fut pendant un temps l'hôte de Courbet, et eut pour lui tous les dévouements que l'on peut exiger de la race canine. Il était fils de l'organiste d'Ornans, et gagnait sa vie à jouer du violon dans l'orchestre de l'Hippodrome. Croirait-on que Courbet lui donnait des leçons de musique? entendons-nous : il le forçait tous les matins à étudier en se balançant sur son hamac, prétendant que une fois au repos et commodément assis il n'en aurait que plus de facilité dans l'exécution. Et il citait avec une admiration naïve l'exemple des clowns qui jouaient du violon en faisant le saut périlleux.

Le maitre dans un de ses meilleurs tableaux, l'*Après diner à Ornans* a représenté Promayet son instrument à la main [1].

Plusieurs fêtes joyeuses furent données dans l'atelier de la rue Hautefeuille. On a surtout parlé de celle dont le programme avait été imprimé et distribué aux invités, pour en perpétuer le souvenir. J'ai gardé mon exemplaire, et j'y lis :

« Aujourd'hui samedi 1ᵉʳ Octobre 1859.....

« Première représentation de *Monsieur et Madame Durand*, comédie en cinq actes et en vers, refusée

---

[1] Cette toile, achetée par l'Etat, est placée aujourd'hui au musée de Lille.

au théâtre de l'Odéon, lue par le poète Fernand Desnoyers ;

« L'auteur des *Bourgeois de Molinchard*, Champfleury, exécutera sur la contre-basse, une symphonie de Haydn ;

« Les intermèdes seront exécutés par MM. Charles Monselet, G. Staal, Amand Gautier, Bonvin, A. Schanne et une foule d'autres notabilités ;

« Mme Adèle Esquiros lira un poème épique ;

« Titine dansera le cancan ; »

Etc.......

Les programmes manuscrits des autres soirées étaient plus drôles, et sans peine. J'en retrouve quelques articles dans ma mémoire ; ceux-ci, par exemple :

« A minuit, expériences de dissection sur une personne de bonne volonté ; le futur docteur Nicol démontrera l'utilité du foie.

« On trouvera les allumettes dans le troisième baril de poudre à gauche, sur la dernière planche du placard ;

« Prière d'essuyer ses pieds avant de jouer du piano ;

« Pendant toute la nuit M. Alexandre Schanne imitera sans le vouloir l'acteur Charles Pérey dans le rôle de Schaunard »

Etc.......

L'atelier de Courbet, ainsi que le café de la Rotonde se trouvaient occuper les quatre murs de l'ancienne chapelle des Prémontrés. L'immeuble avait dû être aménagé, tel que nous l'avons connu, par le célèbre éditeur Panckoucke qui s'en était rendu acquéreur dès le commencement de la Révolution, pour y mettre au jour sa mémorable *Encyclopédie*.

Je n'aurai pas à aller loin pour trouver les réalistes dans leur nid habituel. C'est à la brasserie Andler, située dans cette même rue Hautefeuille, que plusieurs d'entre eux, et non des moins notables, se réunissaient volontiers pour prendre leurs repas et boire de la bière en disant du mal des idéalistes.

Cet établissement de très modeste apparence, un véritable cabaret de village, se trouvait sur le passage projeté du boulevard Saint-Germain ; aussi a-t-il disparu.

Le patron était Suisse d'origine, et la prononciation de notre langue lui était toujours demeurée un secret. Avec ça il avait l'esprit lent, et s'il comprenait nos plaisanteries, ce n'était guère qu'après huit jours de réflexion. En effet, on l'a vu parfois éclater de rire sans cause apparente ; si on lui demandait le pourquoi de cette gaîté intempestive, il répétait le calembourg ou, « l'à-peu-près » de la semaine précédente. C'était à croire qu'il avait écrit dans son pays pour se le faire traduire. Courbet a fait de Mme Andler un excellent portrait ; il l'a représentée à son comptoir, demi-cachée derrière un pot de fleurs et le tronc des pourboires.

J'ai à relater un autre tableau. Il existe dans la famille du comte de Dreuille-Senecterre, habitant le Nivernais, une toile d'Amand Gautier, représentant le café des réalistes avec tous *ses* réalistes. J'ai l'honneur d'y être *portraicturé*, ainsi que ma pipe, l'un fumant l'autre.

Le succès de cette brasserie dura bien une dizaine d'années. Mais vint un temps où elle n'eut plus le monopole de la bonne bière ; d'autre part l'entêté cafetier ne voulait pas suivre le progrès en établissant la pompe qui commençait à fonctionner partout. Aussi la vente courante finit-elle par faire défaut ; cela d'autant plus que l'étudiant qui s'aventurait là avec sa.... cousine avait à essuyer le feu des regards courroucés de la patronne. La mesure fut comble lorsque la nièce de la maison, très aimée de nous tous pour sa bonne tenue et son honnête caractère, quitta ses parents, et alla fonder avec son mari une table d'hôte rue de l'Ecole de Médecine. Une partie de la clientèle la suivit ; l'autre s'en alla chez le père Laveur qui donnait à boire et à manger, rue des Poitevins, dans l'ancien local du *Moniteur universel*.

Mais je m'aperçois que je vais trop vite, et qu'il me faut revenir chez les Andler avant que leur boutique ne soit fermée.

Les jeudis y étaient les grands jours. Je n'avais garde d'y manquer ; et pourtant mon « rire de cor de chasse » (expression de Murger), avait le don d'agacer les nerfs du patron qui disait dans son baragoin helvétique « On foit pien qué Moncié Schanne il être là ; on fait tu bruit ! »

Les réalistes, assez peu nombreux en somme, n'en attiraient pas moins à leur table des curieux venus de tous les coins de Paris, car on commençait à parler d'eux.

Il est bien entendu que je compte comme camarades, et non comme intrus plusieurs étudiants en médecine, qui, à leur manière, sont devenus des réalistes en se faisant chirurgiens. Pour la plupart ils ont aujourd'hui un nom dans la science ; ce sont les docteurs : Reliquet, lithotricien ; Frison, professeur à la faculté d'Alger ; de Barrel de Pontevés, dont la remarquable thèse, *Des Nerfs vaso-moteurs et de la circulation capillaire* a été médaillée ; Meynier agrégé ès-science (tué par le froid en Sibérie où l'avait appelé des recherches anthropologiques) ; etc..... J'inscris encore sur la liste, un agronome, (très bon musicien) Laverrière ; un mathématicien, membre très actif de la société philotechnique, Vialet ; un ancien normalien, Rillette ; un étudiant en droit, Gambetta.

Parmi les artistes et hommes de lettres, se trouvaient naturellement les grands chefs Courbet et

Champfleury ; puis près d'eux, mais avec intermittence, Duranty (rédacteur du journal le *Réalisme*), Fernand Desnoyers, auteur de la pantomime du *Bras noir* ; Emile Montégut, Jules Vallés, Lorédan Larchey, Gustave Planche, Jules de la Madelène, Théophile Silvestre, Max Buchon, Proudhon... et les peintres : Decamps, Daumier, Français, Hanoteau, Corot, Amand Gautier, Bonvin ; les sculpteurs Barye, Préault..... Enfin le musicien Debillemont, le céramiste Parvillée, et le critique d'art, devenu conseiller d'Etat, Castagnary.

On voit par ces nomenclatures que nos bruyantes agapes n'ont pas empêché bon nombre d'entre nous de conquérir les situations les plus enviées, que le savoir ou le talent peuvent donner. Soit dit pour répondre aux propos d'une certaine bourgeoisie, éternellement irréconciliable avec l'art et la science.

Les curieux étaient nombreux, ai-je dit ; et je me crois obligé de classer parmi eux le taciturne et sévère Gustave Planche, car il ne se mêlait pas aux conversations de ceux qu'il devait considérer comme des hérétiques en art. Ce qui l'attirait, c'était surtout un certain vin cacheté qu'il buvait avec délectation et recueillement. Quand la dernière bouteille de la cave y eût passé, on ne revit plus l'austère critique de la *Revue des Deux Mondes*.

Dans ce même lieu enfumé, j'eus l'honneur de trinquer avec les grands artistes Barye et Corot, à qui je fus présenté par Théophile Silvestre. J'y fis aussi la connaissance de Daumier qui m'autorisa par la suite à l'aller voir dans son atelier. Il demeurait alors au quai Bourbon dans l'Ile Saint-Louis. Son atelier, que je vois encore, communiquait avec un toit en zinc, sur lequel il avait aménagé un petit jardin de Sémiramis avec bosquet et allées sablées.

Un soir, à l'heure du dîner, Champfleury qui venait de faire jouer une pantomime aux Folies nouvelles (avec de la musique de Métra) nous amena Paul Legrand. L'excellent pierrot fut très amusant, surtout pour ceux qui ne l'avaient jamais entendu parler comme une personne naturelle.

Une autre fois, nous eûmes aussi pour convive une célébrité du théâtre Lazari, le nommé Peltier adoré des *titis*, malgré un défaut de prononciation très marqué. En effet, lorsqu'il parlait, ce jeune premier, « ce comique habillé » on aurait juré qu'il avait dans la bouche un mélange de blanc d'œuf et de farine. C'est lui qui faisant un domestique de bonne maison dans une comédie du crû, disait : « Encore une punaise sur le beurre ! Que va penser madame la comtesse, elle qui est si méticuleuse ? »... Mais quelle déception ! cet acteur du dernier des tréteaux ne nous servit aucun des mots auxquels nous nous attendions. Il était correct et même distingué dans sa tenue.

Je ne sais si c'est Paul Legrand qui nous avait

donné le goût de la pantomime? Voici la charge qui nous amusait lorsqu'un intrus avait l'imprudence de s'asseoir à la table d'hôte d'Andler. Nous commencions par garder le silence comme si nous ne nous connaissions pas. Puis, après le potage, celui qui était placé à la gauche du visiteur simulait une querelle avec son voisin de gauche à lui. Après les mots il en passait aux coups, sous la forme d'une claque pantomimique que la victime avait l'air de recevoir, en faisant résonner ses deux mains et en portant aussitôt l'une d'elles sur sa joue. L'insulté au lieu de riposter sur l'insulteur renvoyait la gifle à la personne assise près de lui, de l'autre côté. Le jeu se continuait ainsi tout autour de la table, mais s'arrêtait à l'étranger, pour revenir ensuite en sens inverse jusqu'au point de départ. Un des nôtres, prenant alors le rôle de pacificateur, disait simplement : Vous avez vengé l'offense reçue; vous êtes quittes. Je propose un toast à l'harmonie »... Ainsi se terminait cette burlesque cérémonie, ensuite on parlait d'autres choses.

Nous eûmes aussi, quelques soirs, parmi nous Proudhon; Proudhon la terreur des bourgeois!... et même celle des cochers; (car il faut se souvenir que c'est lui qui arrêta Colignon). C'était à l'époque où il préparait son fameux livre qui fut saisi : *De la Justice dans la Révolution et dans l'Église*. N'entendant rien aux questions d'art, qui pourtant excitaient la curiosité de son esprit, il venait se renseigner auprès de Courbet, Franc-Comtois comme lui.

Je me souviens encore d'une bribe de leur conversation.

— Dites-moi donc, citoyen maître peintre, ce qui vous a amené à faire vos *Casseurs de pierres* ?

— Mais, répondait le citoyen maître peintre, j'ai trouvé ce motif pittoresque et à ma convenance.

— Quoi? rien de plus?... Je ne puis admettre que l'on traite un pareil sujet sans idée préconçue; peut-être avez-vous songé aux souffrances du peuple, en représentant deux membres de la grande famille manouvrière exerçant un métier aussi pénible que peu rétribué ?

— Vous avez raison, maître philosophe, j'ai dû penser à cela.

Dans la suite il était courant d'entendre dire à Courbet: « On croit que je peins pour le plaisir de peindre, et sans jamais méditer mon sujet... Erreur! mes amis. Il y a toujours dans ma peinture une idée philosophique humanitaire plus ou moins cachée... A vous de la trouver. »

Mais Proudhon mis en appétit de beaux-arts, je ne sais pourquoi, voulut aussi s'éclairer sur la musique. Alors, Champfleury, Laverrière, Debillemont et moi, nous lui fîmes la plaisanterie de le mener un soir au « Beuglant ». C'était de ce nom ironique que les étudiants avaient baptisé un café-concert de la rue Contrescarpe-Dauphine. A cette époque, l'étoile mâle du « Beuglant » était Berthelier, à la fois fort premier ténor et comique de genre très apprécié et surtout très aimé de la jeunesse des écoles. Eh oui ! « premier ténor », car il faut savoir que le futur trial de l'Opéra-comique (ancien commis-voyageur en objets de piété), a commencé sa carrière artistique sur le théâtre de Poitiers, où il a chanté le rôle de Fernand dans la *Favorite*.

Pendant le dîner, et en route pour ce café, nous avions cherché à expliquer le plus clairement possible à notre philosophe ce qu'était la symphonie, ainsi que la musique de théâtre sérieuse ou légère. On ne saura probablement jamais à quel degré Proudhon profita ou ne profita pas de nos démonstrations esthétiques sur un art dont le mystère est d'ailleurs si malaisé à éclaircir. Tout ce que je puis affirmer, c'est qu'il s'amusait comme un enfant aux romances et chansonnettes de la rue Contrescarpe. On eut dit que de sa vie, il n'avait entendu une note. Pourtant il nous avoua, qu'un soir dans sa jeunesse, il s'était laissé charmer par le *Fra-Diavolo* d'Auber à Besançon.

Et maintenant puisque j'ai vécu quelque temps assez près de Proudhon, je puis avoir à répondre à cette question indiscrète : « A-t-il oui ou non articulé la fameuse phrase-cauchemar : *La propriété, c'est le vol !* »

Je n'en sais rien... D'ailleurs sont-ce là mes affaires, à moi qui ne suis ni propriétaire, ni voleur ?

XLII

LA MORT DE MURGER

La passion qui l'avait pris pour la chasse, pendant la dernière période de sa vie, avait entraîné Murger à habiter une grande partie de l'année à Marlotte sur la lisière de la forêt de Fontainebleau. C'en était fait, il était devenu campagnard, et si Murger réapparaissait de temps à autre à Paris, où il avait gardé un pied-à-terre, ce n'était que pour régler ses affaires avec les directeurs de journaux et les éditeurs; aussi pour serrer la main aux nombreux amis qu'il y comptait.

Auguste Vitu l'a saisi à l'un de ses derniers passages, et en a écrit ces lignes très circonstanciées, très senties, qu'on sera bien aise de lire. (Je copie):

« Au mois d'octobre 1860, quelques amis dînaient chez Théodore Barrière, dans sa maison de l'ancien château des Ternes. Il y avait là Victor Massé, Victorien Sardou et Albert Wolff, Lambert Thiboust et Henry Murger.

» Après le dîner on fit de la musique intime, la meilleure de toutes ; Victor Massé tenait le piano et nous disait quelques-unes de ses plus belles pages. On pria Murger de chanter. Il le fit de très bonne grâce, et d'une voix de tenorino légèrement voilée, mais juste et pénétrante, il chanta la chanson de Musette avec une expression qui produisit sur quelques-uns d'entre nous une sorte d'émotion inquiète.

» Cette voix, je ne l'ai plus jamais entendue ; trois mois plus tard, Henry Murger était mort. »

En effet, dans les derniers jours de janvier 1861, le bruit courut dans Paris que Murger était tombé subitement et gravement malade. C'était le samedi 26, je me rendis chez lui, 16, rue Neuve-des-Martyrs, vers huit heures du soir ; là, j'appris que le docteur Piogey avait jugé son état assez alarmant pour le faire transporter sans retard à la maison de santé Dubois.

Il paraît que Murger avait ressenti pendant la nuit comme un coup de fouet dans la jambe qui lui avait causé une vive douleur. Ainsi que les médecins me l'ont dit plus tard, il avait été atteint d'une artérite qui est une variété de la phlébite. Mon étonnement fut d'autant plus douloureux que l'ayant suivi de très près pendant toute sa vie, je ne lui avais jamais, au grand jamais, connu d'autre maladie que le purpura, causé par l'abus du café.

Si j'insiste sur les détails de sa maladie, c'est que certains bruits malveillants ont fait mourir l'auteur de *la Vie de bohême*, d'une affection qui n'épargne même pas les rois.

Le lendemain je trouvai mon pauvre ami à la Maison municipale de santé, mais déjà méconnaissable. Cependant il lisait le *Figaro*, ne s'interrompant par instants que pour mâchonner une grappe de raisin qu'il avait à portée de sa main. J'étais assis au pied du lit, en pleine lumière, et je lui avais préalablement fait signe de ne pas parler pour lui éviter toute fatigue, ainsi que cela m'avait été recommandé. Il n'y put longtemps tenir et me dit :

— Tu te portes toujours bien, toi ?

— Pas si bien que ça, répondis-je. Demande à Piogey, mon estomac est comme la peau d'une cornemuse dont on a trop joué. Le docteur baptise ses caprices douloureux du nom de gastralgie.

J'exagérais à dessein ma souffrance stomacale, car c'eût été manquer de tact que de se déclarer en bonne santé au chevet d'un malade... Quelques minutes après, il reprit :

— Il me semble que le rideau de mon lit s'ouvre,

et qu'il y a là des hommes qui me tirent la jambe comme s'ils voulaient me l'arracher.

— Hallucination qui cessera quand tu pourras boire et manger au lieu d'avaler ton vin en pilules, comme je te le vois faire.

Il sourit... je pris congé de lui au bout de deux heures, le laissant relativement calme.

Le lendemain, qui était le lundi, dès que je fus près de lui, Murger me serra la main fièvreusement, en me fixant avec attention. J'aperçus un grand changement depuis la veille... Son regard persistant semblait me dire : « Comment me trouves-tu aujourd'hui » ? J'eus le courage de rire en me plaignant de son serrement que je comparais à l'étreinte d'un étau.

Après un silence, il prit sous son oreiller trois billets de cent francs qui y étaient cachés, et me les montra avec une sorte de joie enfantine, voulant certainement me faire entendre qu'il avait le moyen d'être malade à ses frais, sans rien coûter à personne. Je crois que M. Camille Doucet, que j'avais rencontré le jour précédent lui rendant visite, devait être pour quelque chose dans sa quiétude.

L'arrivée du médecin et des internes me força à quitter la place, le cœur gros et rempli de sombres pressentiments. Mais je revins à quatre heures. La porte était barrée par ordre. Nadar, qui était là, parvint cependant à me faire entrer. Le jour tombait ;

je m'approchai du lit en demandant doucement à Murger s'il voyait assez pour me reconnaître? Il fit un signe affirmatif. Puis il me pressa la main, mais plus faiblement que lors de ma première visite et sans proférer un seul mot... On me pria de sortir.

Aimé Millet me succéda auprès de notre cher malade, qui lui dit ces paroles, probablement les dernières qu'il prononça : « Vois-tu, il n'y a que trois choses en la vie : l'amitié, l'amour, et... »

Une suffocation l'empêcha d'achever.

A dix heures et demie du soir, Murger était mort.

Ses obsèques eurent lieu le jeudi suivant 31 janvier.

La foule y fut considérable... Et on a recueilli ce propos involontairement ironique qu'une femme a tenu, en voyant passer le convoi sur le boulevard extérieur. « Ah bien ! en voilà un qui devait être joliment riche, pour être reconduit par tant de monde que ça ! »

M. de Villemessant ouvrit, dans les bureaux du *Figaro*, une souscription à l'effet d'élever un monument sur la tombe de Murger. On relevait sur la liste ces chiffres et ces noms: Le Cercle Français de Marseille (250 fr.), les étudiants du cercle du café Molière (120 fr.), le *Figaro* (100 fr.), Lemoine Montigny (100 fr.), Edouard Lemoine (100 fr.), Arsène

Houssaye (100 fr.), Pierre Petit et Trinquart (100 fr.), H. de Villemessant (50 fr.), Gueymard, de l'Opéra (50 fr.), Champfleury (25 fr.), Théodore Barrière (20 fr.), etc...

Le monument (dont on peut voir la reproduction par la gravure dans le numéro 252 du *Monde illustré*), fut inauguré le 30 janvier 1862, au cimetière Montmartre. Il est une des œuvres les plus remarquables d'Aimé Millet. Inspiré par les souvenirs de l'amitié, l'artiste avait fait appel à tout son talent pour l'exécution de ce motif si poétique et si éminemment trouvé, outre qu'il parle aux yeux : *La Jeunesse jetant des fleurs sur le tombeau d'Henry Murger.*

XLIII

LES DERNIÈRES ÉTAPES DE MA VIE D'ARTISTE

J'étais revenu à la rue de la Harpe où devait se terminer ma vie de liberté, avant que je ne rentrasse au bercail industriel de la famille. On sait que j'avais déjà habité avec Murger, au numéro 50 de cette rue. Cette fois, (vous allez rire du prix) j'avais loué pour cent quarante francs par an, une chambre claire et bien aérée au numéro 90. La maison était située entre la rue Racine et le lycée Saint-Louis ; elle fut la dernière épargnée par les démolisseurs qui ont ouvert le boulevard Saint-Michel ; et je ne sais même pourquoi on l'a vue si longtemps incrustée dans le trottoir dudit boulevard.

Mais que de pérégrinations, et quelle vie nomade,

à la façon des arabes, j'avais menée entre ces deux stations faites dans ma chère rue de la Harpe! La faute en est à mon satané piano, dont je ne pouvais m'empêcher de jouer à toute heure, même de nuit. Or, ce fut un hasard malheureux, je n'ai jamais pu tomber sur un propriétaire qui aimât la musique; à peine emménagé, je recevais toujours un congé en bonne et due forme par application des réglements de police sur les états à marteau.

Je ne sais si celui de la rue de la Harpe était oui ou non dilettante, mais ce qu'il détestait, c'était les papiers de tenture neufs. Je dus donc faire les frais nécessaires pour habiller un peu proprement les murs de mon nouveau logement. Et voici comment je m'y pris : j'achetai chez un brocanteur deux liasses d'affiches, les unes jaunes, les autres d'un gris bleuté, et qui, n'ayant jamais été utilisées, me semblaient avoir soif de colle. Puis je les disposai en damier sur les parois de ma chambre. Les jaunes disaient en vers des choses qui n'avaient aucun rapport avec celles que les grises racontaient en prose; et cela formait une bigarure tout-à-fait folle.

Je transcris d'abord le placard rimé par quelque poète affamé, pour le compte d'un riche marchand de comestibles:

SAUCISSONS D'ARLES A DOUBLE BOYAU

D'Arles, succulente industrie
Ces saucissons, vraiment très-fins,
Font plus d'honneur à leur patrie
Que tant d'ouvrages des Romains.

Joignant l'agréable à l'utile,
S'ils sont en tous lieux, en tout temps,
L'honneur des tables à la ville,
Ils sont leur providence aux champs.

Dans sa visite improvisée,
Le voisin est le bien venu ;
Car la ménagère avisée
Sauve par eux le dépourvu.

Mais que ceux à boyau doublé
Sont délicats ! Qu'on les entame,
On les voit suinter sous la lame
Un suc fin en larmes perlé.

L'exquise fraîcheur s'en conserve
Du premier jusqu'au dernier bout,
Si vos soins les placent debout
Dans le jus du fruit de Minerve.

Les autres affiches, alternant avec celles du charcutier, devaient dater de 1794. Elles donnaient le programme officiel de la « Fête de l'Etre suprême » tel que, sur la demande de Robespierre, le peintre Louis David l'avait rédigé dans l'idiome pseudo-français que parlaient les beaux esprits de l'an II. Voici quelques échantillons de cette prose *prudhommesque* ; comme on me sait porté à la plaisanterie, il me faut affirmer de nouveau que c'est le texte authentique qu'on va lire.

PLAN

DE LA FÊTE A L'ETRE-SUPRÊME

« L'aurore annonce à peine le jour, et déjà les sons d'une musique guerrière retentissent de toutes parts, et font succéder au calme du sommeil un réveil enchanteur.

« A l'aspect de l'astre bienfaisant qui vivifie et colore la nature, amis, frères, époux, enfants, vieillards et mères, s'empressent à l'envi d'orner et de célébrer la fête de la Divinité....

« La chaste épouse pare de fleurs la chevelure flottante de sa fille chérie ; tandis que l'enfant à la mamelle presse le sein de sa mère, dont il est la plus belle parure ; le fils, au bras vigoureux, se saisit de ses armes : il ne veut recevoir le baudrier que des mains de son père : le vieillard souriant de plaisir, les yeux mouillés des larmes de la joie, sent rajeunir son âme et son courage en présentant l'épée aux défenseurs de la liberté.

« Cependant l'airain tonne : à l'instant les habitations sont désertes ; elles sont sous la sauve-garde des lois et des vertus républicaines ; le peuple remplit les rues et les places publiques : la joie et la fraternité l'enflamment. Ces groupes divers, parés des fleurs du printemps, sont un parterre animé, dont les parfums disposent les âmes à cette scène touchante...

. . . .

« Le peuple se réunit au Jardin National ; là il se range autour d'un amphithéâtre destiné pour la Convention...

« La Convention Nationale, précédée d'une musique éclatante, se montre au peuple : le président paraît à la tribune élevée au centre de l'amphithéâtre ; il fait sentir les motifs qui ont déterminé cette fête solennelle ; il invite le peuple à honorer l'auteur de la nature.

« Il dit : Le peuple fait retentir les airs de ses cris d'allégresse. Tel se fait entendre le bruit des vagues d'une mer agitée, que les vents sonores du midi soulèvent et prolongent en échos dans les vallons et les forêts lointaines.

« Au bas de l'amphithéâtre s'élève un monument où sont réunis tous les ennemis de la félicité publique : le monstre désolant de l'Athéïsme y domine ; il est soutenu par l'Ambition, l'Egoïsme, la Discorde, et la fausse Simplicité qui, à travers les haillons de la misère, laisse entrevoir les haillons dont se parent les esclaves de la royauté

« Sur le front de ces figures, on lit ces mots : *seul espoir de l'étranger*. Il va lui être ravi. Le président s'approche, tenant entre ses mains un flambeau : le groupe s'embrase ; il rentre dans le néant avec la même rapidité que les conspirateurs qu'a frappés le glaive de la loi.

« Du milieu de ces débris s'élève la Sagesse au front calme et serein : à son aspect des larmes de joie et de reconnaissance coulent de tous les yeux ; elle console l'homme de bien que l'Athéisme voulait réduire au désespoir ; cette fille du ciel semble dire :
« Peuple, rends hommage à l'auteur de la nature;
« respecte ses décrets immuables. Périsse l'auda-
« cieux qui oserait y porter atteinte ! Peuple géné-
« reux et brave, juge de ta grandeur par les moyens
« que l'on emploie pour t'égarer. Tes hypocrites en-
« nemis connaissent ton attachement sincère aux
« lois de la raison ; et c'est par là qu'ils voulaient
« te perdre ; mais tu ne seras plus dupe de leur im-
« posture... »

Ainsi donc ce morceau de littréature est de la même main qui a peint *l'enlèvement des sabines* et tant d'autres œuvres remarquables ! N'est-ce pas à tomber de son haut ?... Je me rappelle le rire suffoqué, éperdu, d'Henri Monnier, lorsqu'il lut pour la première fois le pathos amphigourique de Louis David. Il fallut lui faire de l'eau sucrée, avec beaucoup de fleur d'oranger, pour l'empêcher d'étouffer. Et il s'écriait, non sans un peu de jalousie : « Ah ! c'est plus fort que mon Prudhomme ! »

Les deux affiches étaient reproduites assez de fois sur le mur pour que je pusse sans sacrifice en cacher quelques exemplaires sous des bibelots. Mon musée n'était pas bien riche ; il se composait d'abord des quatre instruments à cordes nécessaires pour l'exécution d'un quatuor ; puis d'un trombone, d'un tambour de basque, d'une paire de castagnettes, d'une guitare au trou de laquelle j'avais fixé un Polichinelle dans l'attitude d'un bon bourgeois qui prend l'air à sa fenêtre. C'étaient encore les images classiques d'Epinal représentant le *Juif errant*, les *Quatre fils Aymon, Damon et Henriette à la grille du monastère*... Enfin une panoplie de pipes turques et même françaises, parmi lesquelles celles que je fume... « dans le monde ! »

Je dois dire que cette pipe est la seconde du nom (la première étant restée acquise au magasin d'accessoire des Variétés, depuis les représentations de *la Vie de bohême*.) Elle me vient d'Alfred Belvallette le poète de mes deux romances, intitulées *Pourquoi?* et *Violettes*. Nous dinions, (les frères Coquelin et moi,) chez son cousin Huret Belvallette qui, pour le dire en passant, est l'auteur anonyme de plusieurs monologues à succès. Après le dessert, Alfred me dit :

— J'ai acheté, moi aussi, une pipe pour aller dans

le monde... Tenez, voyez-la et dites-m'en votre avis ; car vous vous y connaissez, s'il faut en croire Murger.

— Peste ! répondis-je, quel luxe ?... écume irréprochable, long bout d'ambre laiteux, viroles d'argent.... Savez vous qu'il faut être joliment bien habillé pour se *fich'* des bijoux comme ça entre les dents !

— Oui, mais vous seriez bien aimable de me la commencer ; elle est délicate et a besoin de tous vos talents.

Je me mis donc en mesure d'obtempérer à cette prière, pensant à part moi, que l'amitié est quelquefois exposée à de dures épreuves, car chacun sait ce qu'est une pipe neuve. Mais comme il ne faut pas s'exagérer les devoirs de la collaboration, au bout d'une heure, je rendis sa pipe toute chaude à mon ami, qui la coucha douillettement dans un étui soyeux. Puis, ayant fait le simulacre de la mettre dans sa poche, il me la rendit brusquement en ajoutant :

— Quelle distraction ! j'allais m'approprier un meuble intime qui vous appartient ; car je vous l'offre en souvenir de nos chansons... Ah ça ! vous ne m'avez pas cru capable de vous empoisonner à mon service avec la cire d'une écume neuve ?

Cette pipe religieusement conduite, et à laquelle je n'ose plus toucher que le dimanche, est devenue un chef-d'œuvre de culottage. Elle est toujours accrochée dans ma chambre ; je la destine à mon petit neveu Paul Deslandres, aujourd'hui âgé de quatre ans, et qui, au vingtième siècle, retrouvera dans les flocons de sa fumée, le souvenir de son vieux Schaunard d'oncle.

C'est égal ces poètes ont une manière de faire les choses, qui ne semble pas être à la portée de tous les prosateurs.

Du reste, cette famille Belvallette, déjà marquante dans l'industrie parisienne, est fertile en beaux esprits. En effet j'y ai trouvé un autre fournisseur de rimes dans Pierre Richard, beau-frère de l'auteur des monologues. En bon chansonnier qu'il est, il a le goût des longs desserts où l'on cause, et même où l'on chante. Aussi que de bonnes soirées passées à sa table, où je rencontrais mes amis d'autrefois Edouard Plouvier, Gustave Mathieu, Auguste Luchet, Michal, Coligny, Charles Vincent... A l'heure qu'il est, Pierre Richard, retiré sous ses pommiers de Vimoutiers en Normandie, n'a cependant pas divorcé avec la muse ; il épuise sa verve poétique à refuser les honneurs municipaux que ses nouveaux concitoyens s'obstinent à lui offrir.

Mais je reviens à ma petite chambre du 90 de la rue de la Harpe. Hélas ! elle a vu dépérir, puis périr, mes quatuors du jeudi qui avaient une douzaine d'années d'existence. La disparition de Barbara que j'ai déjà racontée, leur avait porté un coup funeste.

Bientôt ils dégénérèrent en trios, ce qui était un fatal symptôme. Le trio devint duo ; et vous devinez la suite, le duo se changea en un solo obstiné de violoncelle, que joua encore assez longtemps mon fidèle Champfleury.

Il y eut un temps où notre musique avait pour immanquable effet, de faire ouvrir une des fenêtres de la maison située rue Racine n° 3, que l'on pouvait voir de chez moi. A cette fenêtre apparaissait une femme fumant une cigarette. C'était Mme George Sand, qui nous honorait ainsi de sa visite à distance.

Mais, « la musique creuse ; » ce dicton est bien connu ; aussi, arrivait-il parfois qu'après nous être repus de Beethoven et de Mozart, nous tombions, avec quelque appétit, sur une charcuterie variée. Henri Monnier, amené par Bonvin, prit plusieurs fois sa part de ces soupers sur le pouce. Et quel dessert d'anecdotes il nous servait. Tout son répertoire y passait : et *le Belge qui ne veut pas mourir chez lui* ; et *le Peintre J*** allant faire des croquis à la campagne* ; et *le Relais de la diligence* ; et *M. Prudhomme à Cythère*... Que sais-je encore ? La seule indication de ces histoires burlesques donnera, j'en suis sûr, un revenez-y de rire à ceux qui ont eu la bonne chance de voir le grand humoriste mettre en scène et faire parler tout ce monde bizarre, si vrai cependant, ces Prudhomme, ces Hiroux, ces Boirot, qu'il avait créés.

Lorsque nous venions de frapper l'accord final d'un quatuor de Beethoven, par exemple, Monnier, sortant d'un demi-sommeil, ne manquait guère la plaisanterie de demander si ce qu'on venait de jouer n'était pas de Désaugiers ? Nous lui répondions naïvement que c'était de Beethoven. Et il reprenait : « Le morceau n'en est pas moins charmant... J'en ferai le sujet de mon prochain tableau ! »

Henri Monnier ne m'en a pas moins déconsidéré aux yeux de ma portière et du facteur de mon quartier, par la manière dont il rédigeait l'adresse des lettres qu'il voulait bien m'écrire. J'ai gardé plusieurs de ses enveloppes, portant textuellement : » A Monsieur Alexandre Schanne, peintre et musicien, *membre des classes dangereuses de la société...* »

Si j'ai eu Monnier à souper, Aurélien Scholl m'a fait une fois le grand plaisir d'accepter mon petit déjeuner. Et nous n'en restâmes pas brouillés pour cela, tant s'en faut, car j'ai hâte de dire que j'ai toujours trouvé en lui le plus excellent camarade. Du reste, il a lui-même conté ce modeste festin aux lecteurs idolâtres de ses chroniques. (Je cite :)

« ... Je déjeunai un matin chez Schanne, avec Barbara, Champfleury, le peintre Bonvin et Armand Baschet...

« Deux brocheuses du voisinage, fort jolies filles, ma foi ! venaient chaque jour faire griller les côtelettes sur le poêle de l'atelier de Schaunard. Deux côtelettes, du fromage de Brie et un litre par tête composait le menu quotidien.

« Chacun mettait la main à la poche ; les brocheuses allaient chercher le déjeuner, et le couvert n'était pas long à mettre.

— « Rien n'est sale comme une nappe ! disait Schanne avec conviction. Et, montrant une espèce de torchon où il y avait un peu de tout, de la peinture, du cirage, de la lie de vin, de l'encre et de la boue : Y a-t-il ici quelque gandin qui tienne à la nappe ?

— « Non ! non ! s'écriaient les convives sous l'impression d'une terreur plus que motivée par l'aspect du linge.

« Donc, pas de nappe.

« Je n'ai vu l'équivalent de cette simplicité primitive que dans une maison de campagne louée, quelques années plus tard, à Meudon, par Charles Bataille, Amédée Rolland et Jean Du Boys... »

Par réciprocité, Scholl m'a souvent invité à sa table, et j'ai le souvenir des joyeux repas que j'ai faits chez lui, alors qu'il demeurait rue des Petites-Ecuries. *Nota bene* il y avait du linge ! Et en effet, la Fortune a toujours eu des sourires pour le brillant écrivain, parce que, certainement, elle a été de ses lectrices assidues.

C'est aussi vers la même époque que j'assistai à ce formidable banquet, qui dura trente-six-heures, et qu'à la suite de la représentation d'une de ses pièces, Philoxène Boyer donna chez un restaurateur de la place de l'Odéon. Le menu en est fort obscur dans ma mémoire. Dam ! que voulez-vous ? le dessert du souper avait rejoint les hors-d'œuvres du déjeuner, et lui-même, le dessert du déjeuner, s'était confondu avec le potage du dîner. Monselet, si jeune qu'il fut alors, s'illustra dans ce repas pantagruélique ; et l'excellent comédien Tisserand nous amusa beaucoup en débitant le bouffonnissime interrogatoire de l'accusé Hiroux.

Du reste, Philoxène Boyer était un amphitryon déterminé ; je ne sais s'il avait la vocation de ce rôle aimable, mais il le jouait avec un entrain qui n'est pas à la portée de tout le monde. Arrivé de sa province avec un capital de quatre-vingt mille francs, il le mangea en quelques mois, sûr d'être remarqué comme un artificier qui se ferait de la réclame en mettant le feu à sa boutique. En effet, il s'épargna ainsi dix ans de luttes et d'intrigues sourdes nécessaires pour conquérir la célébrité, que le public marchande toujours à un poète nouveau venu. Plus tard, il m'invita à ses soirées de la rue Bergère et du boulevard Montmartre, où s'engloutirent tant de victuailles délicates et de boissons choisies. Là je fis de nombreuses connaissances, et entr'autres, celle du bon docteur Piogey, qui, alors, commençait la médecine dans un petit appartement de la rue de

Buffaut, sans se douter certainement qu'il achèterait un jour, au n° 24 de la rue Saint-Georges, la maison de l'auteur de *la Muette* et du *Domino noir*.

Je vois encore Philoxène Boyer : c'était un jeune homme d'environ vingt-cinq ans, d'une ossature exagérée en longueur, avec un front bombé à la Hugo qu'encadraient de longs cheveux plats. Son habit noir boutonné, sa cravate blanche, ses chemises à jabot, lui donnaient à la fois l'air d'un pion élégant et celui d'un violoniste romantique. Il avait pour signe particulier de se passer fréquemment le bras par-dessus l'oreille pour se caresser l'occiput, comme font les chats quand le temps est à la pluie.

En ces années là, je tuais volontiers les heures du soir à la brasserie des Fleurs qui se trouvait rue d'Enfer, derrière le Jardin Bullier. J'y rencontrais une société amusante, généralement composée d'artistes, je veux dire de ceux qui avaient gardé la tradition du rapin pittoresque. Le local lui-même n'était pas banal ; avec ses murs illustrés par le pinceau et le ciseau des habitués, il ressemblait plutôt à un atelier qu'à un café. J'y ai entendu, une fois, cette phrase, échantillon de la conversation du lieu, et qui n'est pas d'un bourgeois prenant sa chope : « ..... Rude, ce grand sculpteur qui roulait dans sa tête des marbres titanesques pour y tailler ses idées. »

Là, autour des tables, c'étaient les trois frères

Wilfrid, Arthur, et Ulrich de Fonvielle. Cabaner, Becquet, Baujault, Delabrierre, Portalès, Pontallier, Oudinot aîné.....

Oudinot aîné était alors un des promoteurs de l'industrie renaissante des vitraux; il s'est établi depuis en Amérique, à Boston, où il s'est fait une honorable situation par son talent d'architecte et de peintre. Cabaner fut un musicien à système, qui apprenait à ses élèves l'harmonie avant le solfège, prétendant que l'étude de la rhétorique devait précéder celle de la lecture; comme ce procédé d'enseignement ne l'avait pas mené à la fortune, il se consolait de sa pauvreté par un autre système qui consistait à manger son pain acheté à la livre, et des plus ordinaires, avec un petit pain de gruau, jouant le rôle du fricot absent. Becquet est un sculpteur de mérite, en même temps qu'un violoncelliste distingué; mais il nous échappait le vendredi, qui, pendant bien des années, a été le jour où il allait faire de la musique avec Félicien David, dans une maison de la rue Moncey. Baujault, à la fois mécanicien et statuaire, inventait un compteur destiné à mesurer le débit des eaux de la ville, et, simultanément exposait au salon son *Premier miroir*, récompensé par une grande médaille. Delabrierre est un sculpteur animalier, qui sait donner la vie par le mouvement à ses petits bronzes. Pontallié était peintre et journaliste au besoin. Portalès fut un céramiste habile, il y a vingt-cinq ans, au moment où l'art de Palissy reprenait faveur ; il disparut un jour... et aucune recherche de la police n'a encore pu découvrir sa trace.

Je ne dois cependant pas compter au nombre des assidus de la brasserie des Fleurs mes amis, les frères de Fonvielle. Ni le charme de la causerie, ni la qualité de la bière, ni même le guignol satirique que nous y avions monté, ne pouvaient les y retenir. Coureur des plus héroïques aventures, ils étaient souvent par les chemins, au service de quelque grande idée humanitaire ou scientifique. Wilfrid, passionné physicien, habite fréquemment les nuages, et il y travaille à résoudre tous les problèmes de l'aréostation. Arthur, ancien marin, a été pacha dans le Caucase où il était allé combattre l'invasion russe ; puis, (quel contraste !) on l'a vu un instant, maire du onzième arrondissement de Paris ; enfin, aujourd'hui, il dirige avec succès le journal l'*Akhbar*. Quant à Ulrich, qui avait débuté par la peinture, il se prit d'un subit enthousiasme pour Garibaldi, et fut de l'expédition des « mille » ; il a aussi porté son épée aux nordistes pendant la guerre de Sécession.

On se doute bien aussi que, depuis mon retour dans la rue de la Harpe, je ne manquais pas de voisiner avec l'Odéon. La troupe qui y brillait alors est devenue aujourd'hui celle de la Comédie-Française. Que de bonnes soirées, de causeries avec Lafontaine et Febvre! que d'amusants soupers avec Thiron et Demarsy.

Il me revient même qu'un matin du printemps de 1859, ma chambre devint une annexe de ce théâtre; non pas qu'on se mit à y jouer la tragédie; toute tentative de ce genre eût été repoussée, par la force, au besoin. Mais voici ce qui se passa :

Demarsy suivi d'un grand jeune homme sonna un matin à ma porte, et il entra me disant :

— Tu sais que nous montons l'*Usurier de village*, cinq actes d'Amédé Rolland et Charles Bataille. C'est un drame mêlé de musique... On m'y a même donné une chanson « la Chanson du Bûcheron », puisqu'il paraît que j'ai une voix de ténor... Mais, nous n'avons pas de piano au théâtre; alors il a été décidé que, si tu le voulais bien, les répétitions de la partie musicale se feraient chez toi... M. Albert de Lasalle, que j'ai pris la liberté d'amener avec moi, est l'auteur de notre petite partition. Je te le présente en outre, comme un des amis que Murger s'est fait là-bas, du côté des grands boulevards.

La proposition m'agréait infiniment. Pendant plusieurs jours, ce fut donc chez moi, un ramage mêlé de pianotage, qui attira encore Mme George Sand à sa fenêtre de la rue Racine.

Albert de Lasalle, dont je faisais ainsi la connaissance, était déjà rédacteur de la « Chronique musicale » du *Monde illustré.* Mais il n'avait pas abandonné la carrière de compositeur militant, s'y étant même préparé sérieusement en suivant le cours d'harmonie que le polytechnicien Durutte faisait par l'algèbre.

Quant à l'*Usurier de village,* il est certain qu'il émut assez vivement les étudiants de 1859 ; car Roland et Bataille avaient alors trente ans à peine ; or, les « jeunes » étaient très en faveur, on peut dire à la mode, depuis les succès de Murger.

Il m'arrivait assez souvent de dîner avec mes camarades de l'Odéon (auxquels se joignaient parfois Grassot et Gil-Pérès du Palais-Royal), chez un plaisant restaurateur de la rue Madame, que l'on appelait Emile. J'y rencontrais aussi Henri Monnier, Bonvin, Lambert, dit « Lambert-Chat » ; puis les sculpteurs Bœuf et Cambos, le graveur Prunaire, etc...

Emile était un bougonneur qui tirait tous les effets de son comique d'une mauvaise humeur voulue, et même très étudiée. Il fallait le voir malmener ses clients et l'entendre leur dire les paroles les plus outrageantes, surtout lorsqu'ils étaient nouveaux venus, et que leur air ne les désignait point comme appartenant à une branche quelconque de la famille artistique. Quoi ! il les mettait à la porte, ça ne peut pas s'appeler autrement. Et si ces infortunés parias de table d'hôte aimaient mieux rire que de s'en aller, c'est qu'ils savaient à qui ils avaient affaire, étant peut-être venus tout exprès pour le plaisir de subir des avanies. Un seul trait peindra ce singulier commerçant. Il avait fait remettre à neuf le casier contenant les serviettes de ses habitués ; seulement dans la nouvelle édition de cette petite étagère, l'ordre des numéros se trouvait renversé ; la série (1, 2, 3 etc...) n'allait plus de haut en bas, comme précédemment, mais commençait à la tablette inférieure. Ce fut le premier soir, dans la maison, une de ces révolutions intimes dont Balzac eut tant aimé à se faire l'historiographe, si elle avait éclatée rue Copeau, chez « la maman Vauquier ». Tout le monde parla à la fois, excepté le patron, qui, désespérant de se faire entendre au milieu de ce chorus d'indignation, prit le parti de s'enfermer dans sa cuisine.

Nous voilà donc nez à nez, réduit à fumer philosophiquement nos pipes, en attendant que M. Emile, qui cuvait sa colère, daignât apporter quelque chose sur la table... Il était bien neuf heures lorsqu'il passa sa tête par la porte entr'ouverte de la cuisine. C'était pour nous dire :

— Mais, *andouilles* que vous êtes, vous n'avez donc pas vu l'échelle d'étiage du Pont-Royal ?

— Si !... Eh bien, après ? répondîmes-nous d'une seule voix.

— Eh bien, est-ce que les numéros n'y commencent pas aussi par le bas ?

Content, et même ravi d'avoir trouvé, en moins de deux heures, cette comparaison, qu'il croyait être un argument, M. Emile s'abaissa jusqu'à nous servir de ses mains un bouillon éventé et un rôti carbonisé.

XLIV

N, I, NI ; C'EST FINI

Ce qui est fini pour moi, en 1886, c'est la vie d'artiste. J'ai été brusquement sevré de ces joies, mais aussi délivré de ces amertumes, le jour où il me fallut prendre la suite des affaires de mon père. Et me voilà bourgeois du Marais! Je paie patente, et si nous possédions encore « l'institution tutélaire de la garde nationale, » je serais, comme dit M. Prudhomme, « susceptible de marcher avec » !

Tout cela est peu gai et ne me fait pas rire. Au reste, si les lecteurs, qui m'ont suivi jusqu'à ce dernier chapitre, ne me croient pas enclin à la mélancolie, ils se trompent. J'y consacre encore bien mes deux heures par semaine, en moyenne. Une tristesse non point vague, mais très réelle et motivée, s'empare de moi à la vue de quelques bibelots qui pendent sur mon mur, et que j'ai conservés comme les témoins de mes frasques du bon temps.

Ce sont, par exemple, des études datant de mon séjour à l'atelier Cogniet ; mon alto, désormais aussi muet qu'un rossignol empaillé ; le tambour de basque sur lequel Murger *jouait* des tirades de l'école du Bon sens, au grand ébahissement d'Espérance Blanchon ; un pompon d'artilleur trouvé dans la poche de Phémie-Teinturière ; le trombone avec lequel j'ai charmé les naturels des Batignolles ; le portrait d'Henri Monnier par lui-même (dessin à l'encre) ; le portrait de Champfleury crayonné par moi ; ma « pipe pour aller dans le monde » ; etc...

Ai-je dit que c'était fini ?... Allons, ça ne l'est pas tout-à-fait, car il faut bien avouer que j'ai oublié de fermer mon piano ; aussi il m'arrive de temps à autre des démangeaisons musicales que je ne me refuse pas à gratter. C'est ainsi que je viens d'écrire deux opérettes en un acte : *le Syndic des maris*, et *les Filles du Roi*. Les livrets sont d'un haut fonctionnaire de l'Administration, Charles Dumay, gendre de Théodore Cogniard, et dont les débuts dramatiques furent remarqués au moment de la guerre de 1870.

Vous saurez aussi que les dimanches d'été on me voit assez souvent dans des villes de provinces, monté sur une estrade ornée de drapeaux et de feuillages. C'est que je suis appelé à juger des concours orphéoniques. Vaudin, le premier, trouva en moi l'étoffe d'un juré, parce qu'il avait publié et répandu, en 1864, un de mes chœurs pour voix d'hommes. Sa bienveillance m'a été continuée par mes amis Camille De Vos et Abel Simon, qui sont les apôtres si écoutés du chant et de la musique instrumentale populaire.

Et puis, lorsqu'il fait beau, je ne sais quel instinct machinal m'entraîne aux quartiers et aux rues où s'est passée mon insouciante jeunesse. Un de mes anciens logements est-il à louer, vous pensez bien que je ne manque pas de le visiter, ne fût-ce que pour voir si l'écho de mes rires d'autrefois y serait encore vibrant. Mais quelle randonnée! Je commence par l'Hôtel de Sens qui fût le théâtre du massacre d'un chat et de sa mise en gibelotte ; je vais farfouiller dans les bouquins du « cabinet de lecture des pieds humides » ; après un crochet par la rue Saint-Sauveur et la rue Notre-Dame de Recouvrance (dont le comédien Charles Pérey connaissait bien le chemin quand il étudiait son personnage de Schaunard), je traverse la Seine. Me voilà au Quartier Latin ; ah! je crois rentrer chez moi, dans mon vrai chez moi! Je jette un coup d'œil au Palais abbatial qui me rappelle Courbet ; puis je me dirige vers la rue de l'Estrapade et la place du Panthéon, où il faut bien l'avouer, les grands vents qu'il a fait à Paris depuis quarante ans, ont chassé les vapeurs d'un certain punch... Quant aux cafés de mon temps, ils ont presque tous disparu. Plus de Rotonde (de la rue de l'Ecole de médecine) ; plus de café de l'Europe ; plus de brasserie Andler ; plus de Gustave ; plus d'Emile ; plus de Mère Cadet ; plus de Mère Giraud ; plus de Père Pruch !...

Resterait-il encore un bosquet, un arbre, un brin d'herbe de mon Luxembourg ? C'est ce qu'on peut se demander, lorsqu'on va errant à travers tant de décombres. Oui, puisque allant encore m'y promener, je retrouve certains coins de paysage me rappelant les bonnes équipées d'antan, que ma foi je recommencerais bien. Mais cet accès de juvénilité me passe aussitôt, car je ne sais pourquoi, tous les jeunes gens que je rencontre dans les allées du jardin ont un air grave, presque ennuyés, et ne semblent pas appartenir à la variété humaine des farceurs. Que leur a-t-on fait ? quelle maladie les mine ? quel argent ont-ils perdu à la Bourse ?... Encore une fois je l'ignore, puisque je ne leur parle pas.

Je redescends alors par la rue Saint-Jacques, bien que je sache n'y plus revoir, ni le théâtre du Panthéon, ni le passage du Cloître Saint-Benoist. Ensuite je remonte par le tronçon de la rue de la Harpe, que messieurs les démolisseurs ont bien voulu épargner, en un jour de clémence. Mais puisque le côté droit a cependant été entamé, je n'y retrouve plus ma pauvre maison du n° 50, où Murger habita avec moi, lors de ses débuts littéraires. Et comme cela me navre, j'ai la précaution de fermer l'œil droit afin de ne pas voir ces insolents immeubles tout neufs, dont les façades sont bêtement alignées sur le boulevard Saint-Michel.

Rebrousserai-je chemin? réintégrerai-je comme un palmipède, mon Marais si boueux?... Non, car avec le tour que prennent mes idées, et s'il me fallait passer par les Halles, la vue de tant de petits-pois et de navets, me ferait trop souvenir que mon sobriquet de Schaunard, n'est qu'une déviation, ou une abréviation de « Schannard-sauvage ». J'aurais une nuit horrible; peut-être, dans un rêve macabre, me verrais-je me mettant moi-même à la broche !

Je presse donc le pas, et je vais mélancoliquement m'asseoir sur le boulevard Saint-Michel, en choisissant le banc le plus voisin des n°⁵ 36 et 38 qui remplacent mon regretté 90 de la rue de la Harpe.

Oh! cette fois, les images d'un passé relativement récent, me reviennent très fraîches à la mémoire.

C'est un déjeuner avec Aurélien Scholl; ou bien Philoxène Boyer venant essayer, sur moi, les vers qu'il vient de composer; ou encore mes quatuors du jeudi finissant une belle nuit de vendredi par un solo de violoncelle ; etc...

Les silhouettes d'Henri Monnier, de Bonvin, de

Thiron, de Demarsy..., ne m'apparaissent pas avec moins de netteté.

Enfin, j'en suis sûr, ce fut là aussi que, dès 1859, Albert de Lasalle me dit pour la première fois, ce qu'il m'a si souvent répété depuis :

— Ecris tes *Souvenirs!*

Mes *Souvenirs?*... Je puis donc aujourd'hui répondre à cet ami obstiné :

— Les voici !

FIN

TABLE DES MATIÈRES

I. — Une note en marge du livre de Murger.	1
II. — Premières années.	5
III. — Le passage des Panoramas et le théâtre des Variétés en 1830.	10
IV. — La rue Aux-Ours.	15
V. — Rapin.	19
VI. — Comment je connus Murger.	24
VII. — Un bourgeois à tête de veau.	29
VIII. — Un anatomiste et un chat.	39
IX. — Cuisinier et médecin légiste.	46
X. — Murger buveur de café.	49
XI. — Le menu et les invités.	55
XII. — La crémaillère.	61
XIII. — « Les carrosses de ces Messieurs sont avancés. ».	71
XIV. — Je deviens sonneur adjoint de Notre-Dame.	74
XV. — Les modèles d'atelier.	80
XVI. — Je me fais magister.	85
XVII. — Le bal de l'Ile Louviers.	89
XVIII. — Marcel.	93
XIX. — Colline.	102
XX. — Conséquence imprévue d'une lettre.	112
XXI. — Un punch place du Panthéon.	117
XXII. — Une soupe chez les buveurs d'eau.	124
XXIII. — Le cabinet de lecture des pieds humides.	128

XXIV.	— Les cafés du Quartier latin.	133
XXV.	— Le philosophe ardoise.	146
XXVI.	— Les théâtres du Quartier latin il y a quarante ans	150
XXVII.	— Premiers coups de plume de Murger.	159
XXVIII.	— Mimi.	171
XXIX.	— Musette.	178
XXX.	— Phémie-Teinturière	187
XXXI.	— Barbemuche.	192
XXXII.	— Baptiste.	197
XXXIII.	— Le café Momus.	200
XXXIV.	— La scène de l'habit.	210
XXXV.	— La demoiselle aux pains à cacheter.	224
XXXVI.	— Un dîner suivi d'un déjeuner.	229
XXXVII.	— Do, ré, mi, fa, sol, la, si, do.	238
XXXVIII.	— La Vie de Bohême, pièce en cinq actes.	256
XXXIX.	— Murger sur la rive droite.	270
XL.	— Les faux Schaunard.	281
XLI.	— La brasserie des réalistes.	286
XLII.	— La mort de Murger.	303
XLIII.	— Les dernières étapes de ma vie d'artiste.	309
XLIV.	— N, i, ni ; c'est fini.	329

FIN DE LA TABLE

Imprimerie de DESTENAY, à Saint-Amand (Cher).

BIBLIOTHÈQUE CHARPENTIER
13, RUE DE GRENELLE, PARIS
à 3 fr. 50 le volume.

EXTRAIT DU CATALOGUE

ŒUVRES JUDICIAIRES ET DE PHYSIOLOGIE SOCIALE

DESMAZE
La Médecine légale.................................. 1 vol.
Les Crimes et la Débauche à Paris............. 1 vol.

MAXIME DU CAMP
L'Attentat Fieschi.................................... 1 vol.

LÉON GAMBETTA
Discours et Plaidoyers choisis avec notice biographique par J. Reinach........................ 1 vol.

YVES GUYOT
La Police... 1 vol.
La Prostitution....................................... 1 vol.
La Traite des Vierges à Londres................ 1 vol.

CHARLES LACHAUD
Plaidoyers recueillis par M. F. Sangnier....... 2 vol.

CLÉMENT LAURIER
Plaidoyers et Œuvres choisies avec une introduction par Aurélien Scholl, et une étude par G. Lèbre. 1 vol.

G. MACÉ
Le Service de la Sûreté............................. 1 vol.

OCTAVE NOEL
Études sur l'Organisation Financière........... 1 vol.

JOSEPH REINACH
Les Récidivistes...................................... 1 vol.

www.ingramcontent.com/pod-product-compliance
Lightning Source LLC
Chambersburg PA
CBHW050806170426
43202CB00013B/2579